챗GPT와 함께하는 파이썬 & 머신러닝 코딩 마스터

발 행 | 2023년 07월 04일

저 자 | 김대우

펴낸이 | 한건희

펴낸곳 | 주식회사 부크크

출판사등록 | 2014.07.15(제2014-16호)

주 소 | 서울특별시 금천구 가산디지털1로 119 SK트윈타워 A동 305호

전 화 | 1670-8316

이메일 | info@bookk.co.kr

ISBN | 979-11-410-3449-8

www.bookk.co.kr

ChatGPT와 함께하는 파이썬 & 머신러닝 코딩 마스터

작가소개

김대우
책 쓰는 개발자, SQLER 커뮤니티 운영자, 대한민국 공개소프트웨어 대회
금상 수상, 플랫폼 전략 조언가, 비영리단체 활동가,
소프트웨어 엔지니어로 마이크로소프트에 재직 중

이런 분께 추천드려요!

- 처음 프로그래밍을 배우는 학생
- IT / 프로그래밍 비전공자
- 다른 프로그래밍 언어를 시작했다가 포기하신 분
- 다른 프로그래밍 경험이 있지만, Python은 처음 공부하는 분
- 머신러닝까지 공부해 보려는 개발자

책과 함께 보실 수 있는 무료 온라인 강좌와 전체 소스코드, Youtube 엉상을 모두 함께 제공해
드리고 있습니다.

책소개

비영리단체 "모여서함께코딩하는사람들"과 "리틀포레스트코딩캠프"가 사회공헌을 위해
진행하는 "코드로 나를 변화시키는 Coding4Change" 프로젝트로 제작되었습니다.

개발자 커뮤니티 SQLER에서 진행된 Python 강좌는 코딩을 처음 접하는 초보자들을 위한
다양한 콘텐츠를 제공하며, 코딩과 프로그래밍에 대한 지식을 쉽게 이해하고 습득할 수 있는
방법을 눈높이에 맞춰 제공하고 있습니다. 코딩 튜토리얼, 문제 해결 방안, 앱 개발 팁 등 다양한
주제를 다루며, 프로그래밍 언어부터 인공지능, 머신러닝 알고리즘, 웹 및 앱 개발, 데이터 분석
등 다양한 분야에 대한 정보를 제공합니다.

특히, 인공지능 서비스 챗GPT를 어떻게 프로그래밍을 배우면서 활용할 수 있을지, 어떻게
대화하면서 주어진 문제를 해결할 수 있을지 고민하면서 책에 담았습니다.

목차

4

책을 시작하기 전에

이 책의 모든 수익은 비영리단체 코딩교육 사업에 전액 기부됩니다.

이 책과 영상은 비전공자와 학생들을 대상으로 무료 코딩 교육을 진행하고 있는 비영리단체 "모여서함께코딩하는사람들"과 "리틀포레스트코딩캠프"가 제작했습니다. "Coding4Change" 프로젝트는 누구나 코딩의 기초를 배우고 이해할 수 있는 교육환경을 제공하여 모든 사람들이 디지털 시대에서 스스로 변화를 이끌어 낼 수 있도록 지원하고 있습니다.

코딩캠프 행사 사진 - 성남시 공익활동 지원센터

특히, 이 책과, SQLER 커뮤니티, Coding4Change 채널은 코딩을 처음 접하는 초보자들을 위한 다양한 콘텐츠를 제공하며, 코딩과 프로그래밍에 대한 지식을 쉽게 이해하고 습득할 수 있는 방법을 눈높이에 맞춰 제공하고 있습니다.

코딩 튜토리얼, 문제 해결 방안, 앱 개발 팁 등 다양한 주제를 다루며, 프로그래밍 언어부터 인공지능, 머신러닝 알고리즘, 웹 및 앱 개발, 데이터 분석 등 다양한 분야에 대한 정보를 제공합니다.

"모여서함께코딩하는사람들"과 "리틀포레스트코딩캠프" 비영리 단체는 모든 사람들이 코딩의 세계에 발을 내딛을 수 있도록 도우려 합니다. 코딩에 대한 경험이 없거나 기술적 배경이 없어도 걱정하지 마세요. 이 책은 쉽게 따라 할 수 있는 단계별 가이드와 함께 제공되며, 실용적인 예제와 함께 문제 해결 방안을 상세히 설명합니다.

학교에서 심화 수준의 코딩 교육을 받지 못하는 학생들을 위해 실제 개발 프로젝트 및, 코딩 대회 참가를 위한 가이드 등도 커뮤니티를 통해 제공합니다. Coding4Change 프로젝트는 모든 학생들이 자신의 창의력을 발휘하고 프로그래밍을 통해 문제를 해결하는 능력을 키울 수 있도록 돕고자 합니다. 코딩 교육뿐만 아니라 개발자 커뮤니티 활동, 질문과 답변, 온라인/오프라인 코딩 이벤트 등 다양한 활동도 Coding4Change을 통해 참여할 수 있습니다.

비전공자와 학생을 위한 비영리 목적의 코딩 교육을 지원하는 Coding4Change 프로젝트에 함께 참여해 주세요. 즐겁고 나를 변화시키는 코딩의 세계로 여러분을 초대합니다.

이 책의 일부 예제는 마이크로소프트에서 근무하는 Christopher Harrison님이 지난 2021년 1월 비영리 목적으로 사용을 허가해 주셨습니다. 감사합니다.

모든 강좌의 웹페이지에서 Youtube 영상 함께 보기 지원

이 책은 원활한 예제 소스코드 실행과, 효과적인 학습을 위해 웹페이지 링크와 QR코드를 제공하고 있습니다.

챕터 시작 시 제공되는 강좌 웹페이지로 URL 링크를 따라 이동하거나, 핸드폰의 QR 코드를 스캔하면, 웹페이지로 바로 이동해 소스코드 Youtube 영상 강좌와 함께 이 책의 내용을 학습하실 수 있습니다.

Youtube 채널 Coding4Change는 비전공자와 학생들을 대상으로 코딩 교육을 진행하고 있는 비영리단체 "모여서함께코딩하는사람들"과 "리틀포레스트코딩캠프"가 운영하고 있습니다. 채널에서 코딩의 기초를 배우고 이해할 수 있는 교육환경을 제공하여 모든 사람들이 디지털 시대에서 스스로를 변화를 이끌어 낼 수 있도록 지원하고 있습니다.

Youtube 채널에도 방문하셔서 "구독"과 "좋아요"만 해주셔도 콘텐츠 제작에 큰 도움이 됩니다.
https://www.youtube.com/@Coding4Change/

Python 초급 강좌 목차 - 0. Python 소개

TL;DR

Python은 Guido van Rossum에 의해 개발된
배우고 사용하기 쉬운 프로그래밍 언어입니다.
Python은 다양한 응용 프로그램 개발, 웹 개발,
인공지능, 머신러닝, 자동화 등 다양한
프로젝트를 개발하는 데 사용될 수 있으며,
수많은 기업과 커뮤니티에서 사용/지원하고
있습니다.

https://www.sqler.com/board_CSharp/1095502 (강좌 영상 제공)

Python은 무엇입니까?

Python은 1991년 Guido van Rossum에 의해 만들어진 언어로, 객체 지향 접근
방식과 사람이 알아보기 쉬운 코딩 패턴을 잘 활용해 개발자가 소규모부터 대규모
프로젝트를 까지 잘 코딩할 수 있도록 돕는 프로그래밍 언어입니다.

참조 : Python (programming language) - Wikipedia

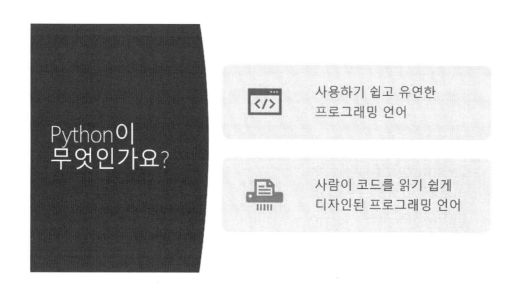

Python은 사용하기 쉽고 유연한 프로그래밍 언어입니다. Python은 코드를 읽기 쉽게
디자인되어 있어서 초보자부터 전문가까지 쉽게 사용할 수 있습니다. Python은
간결하고 가독성이 높은 프로그래밍 문법을 갖추고 있어서 코드 작성 및 이해가
쉽습니다.

왜 Python을 사용하나요?

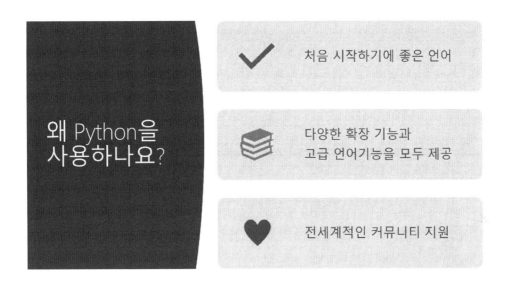

첫째로, Python은 처음 프로그래밍을 시작하는 사람들에게 최적의 언어입니다. Python의 문법이 쉽기 때문입니다.

둘째로, Python은 다양한 확장 기능과 고급 언어 기능을 제공합니다. 다양한 라이브러리와 셀 수 없이 많은 패키지를 제공하고 있어서 웹 개발, 데이터 분석, 머신러닝, 자동화 등 다양한 분야에서 활용할 수 있습니다.

셋째로, Python은 전 세계적으로 많은 커뮤니티 지원을 받고 있습니다. 커뮤니티를 통해 재생산되고 다시 공유되는 다양한 오픈 소스와 패키지를 활용할 수 있으며, 다른 개발자들과 지식을 공유하고 협업할 수 있습니다. 이러한 커뮤니티 지원은 Python을 공부하고 현업에서 개발할 때 많은 도움을 줍니다.

Python으로 뭘 만들 수 있나요?

Python은 다양한 애플리케이션을 개발할 수 있는 프로그래밍 언어입니다.

일반적인 애플리케이션부터 웹 애플리케이션까지 개발이 가능합니다. PC에서 동작하는 여러 거의 모든 종류의 애플리케이션을 만들 수 있고, 웹 프레임워크인 Django 또는 Flask를 사용하여 웹 애플리케이션을 개발, 웹사이트, 블로그, 전자상거래 플랫폼 등을 구축할 수 있습니다.

Python은 인공지능 및 머신러닝 프로젝트에 매우 적합한 언어입니다. TensorFlow, Keras와 같은 인기 있는 라이브러리를 활용하여, 딥러닝 모델 생성이 가능하고 이미지 분류, 음성 인식, 자연어 처리 등의 인공지능 프로젝트를 개발할 수 있습니다.

머신러닝 모델도 Python으로 학습시킬 수 있습니다. scikit-learn, NumPy, pandas 등의 라이브러리를 활용하여 머신러닝 모델을 생성할 수 있습니다. 머신러닝 모델을 활용하면 데이터 분석, 예측 모델, 클러스터링 등 다양한 작업을 수행할 수 있습니다.

어떤 회사들이 Python을 사용하고 있나요?

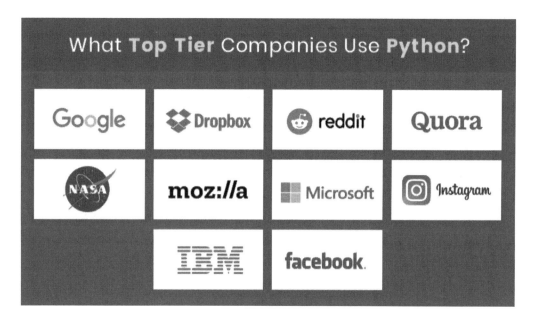

외에도 국내외의 수많은 글로벌 기술 기업과 웹사이트가 모두 Python을 사용하고 있습니다. - (https://www.bacancytechnology.com/) 참조

저도 여러 프로젝트들을 Python으로 수행했고, 지난 2016년부터 머신러닝 프로젝트를 Python으로 수행해 왔습니다. 훌륭한 오픈소스 언어이고, 이제 처음 시작하는 개발자에게도 Python이 최선의 선택이 될 것입니다.

챗GPT를 코딩 학습에 활용 시 주의사항

챗GPT와 같은, 생성형 AI를 교육에 활용할 경우 발생하는 영향은 2023년 6월 현재 진행형입니다. 학생의 학습 개인화를 위한 맞춤형 도구로 활용할지, 아니면 학생의 편향되거나 잘못된 행동 습관에 영향을 줄 수도 있는 문제이기 때문입니다. 하지만 확실한 것은 이런 기술의 보편화가 동등한 학습 기회를 얻고, 효과적으로 활용할 수 있는 기회라는 점입니다.

인공지능 기술이 교육의 미래에 어떤 형태로든 영향을 끼칠 것이라는 것은 자명합니다. 특히 코딩 학습 분야에서는 다양한 활용 방법이 이미 논의되고 있으며, 이 책에서도 코딩 보조(coding assist)를 받는 방법에 대해 설명하고 실행합니다.

만약 이 책에서 코딩 보조를 받는 부분이 불편하거나 영향을 제한하기 원한다면, 사용하지 않아도 Python 학습 진행과 상관없으니 선호하는 방법을 선택하시기 바랍니다.

챗GPT 가입과 설정

로그인에 사용할 계정 이메일과 가입 인증에 사용할 전화번호가 필요합니다.

- 챗GPT 사이트(https://chat.openai.com/)에 접속
- "Sign up"을 클릭하고 이메일 주소를 넣거나 구글, 마이크로소프트, 애플 계정을 이용해 인증
- 인증 후 전화번호 입력 화면에서 전화번호 입력 후 전달된 인증번호를 입력

위 과정을 수행하면 가입과 사용 준비가 완료됩니다. 챗GPT사이트에 재접속하고 채팅창에 프롬프트(prompt)를 입력하면 됩니다.

그럼 계속해서 Python 강좌를 진행하겠습니다.

1. Python 개발 환경 구성

TL;DR

Python, VS Code 설치를 포함하여
Windows에서 Python 개발 환경을
설정하기 위한 여러 방법을 설명합니다. 또한,
Conda 및 WSL(리눅스) 개발 환경 구성도
제공하며, 최적의 Python 개발 환경을
구성하기 위한 방안들을 가이드합니다.

https://www.sqler.com/board_CSharp/1095514

이미 Python을 개발하고 계신 분이라면, 대부분 자신만의 개발 환경을 가지고
계실겁니다. 일반적으로, 윈도 10이나 윈도 11에 vscode나 pycharm을 구성해
사용하는 분들도 계실 것이고, Ubuntu terminal에서 vi로 개발하는 분도 계실 겁니다.

일반적인 개발 환경 구성은 다음과 같지만, 이 책에서는 조금 다른 - PC 환경에서 사용
가능한

- 윈도 + Conda + vscode
- 또는 WSL + Conda + vscode

를 이용하는 개발 방법을 권장해 드립니다.

(macOS를 이용하신다면, Brew를 이용해 개발 환경을 이미 잘 구성해 사용하실 겁니다.)

우선 일반적인 Python 개발 환경 구성 먼저 보시지요.

일반적인 윈도(10 또는 11)에서 Python 개발 환경 구성

1) Download Python | Python.org(https://www.python.org/downloads/) 에서 최신 python(2023년 6월 현재, 3.11) 다운로드 후 설치

2) Download Visual Studio Code - Mac, Linux, Windows(https://code.visualstudio.com/Download)에서 vscode 다운로드 후 설치

3) Python - Visual Studio Marketplace(https://marketplace.visualstudio.com/items?itemName=ms-python.python)에서 vscode용 python extension 다운로드 후 설치

4) (옵션) 머신러닝 등의 작업을 할 때, 윈도에 conda / Jupyter Notebook 등을 구성하고 실행

☑️ 챗GPT 활용: vscode와 pycharm에 대해 알려줘

대부분의 Python 강좌에서 진행하는 패턴입니다. 이렇게 하셔도 됩니다만, 저는 아래의 방법을 추천해 드립니다.

간략히, 윈도머신에 Conda와 vscode를 이용해 개발하실 것을 권장해 드립니다.

만약, 진행 중에 문제가 있다면, 언제든지 개발자 커뮤니티 SQLER.com - 파이썬 & 오픈소스 개발 질문과 답변 게시판 문의 게시판(https://www.sqler.com/board_CSharpQnA)에 올려 주세요.

1. 윈도에 Python과 Visual Studio Code를 이용한 개발환경

처음 개발을 하는 분께 권장해 드리는 설정입니다. 위에서 필요한 모든 항목들을 설치하셨습니다.

아래 링크로 이동해 코드를 다운로드합니다.

https://github.com/CloudBreadPaPa/c9-python-getting-started

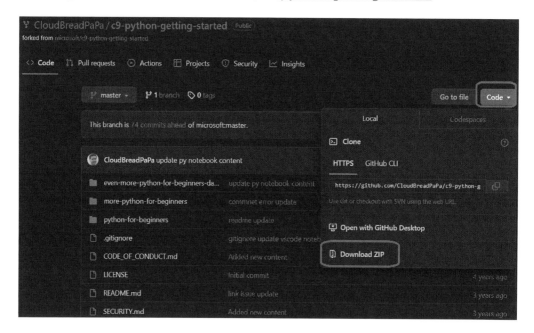

zip 파일 압축을 풀고 vscode를 실행한 다음, 해당 압축을 해제한 폴더를 열면 모든 준비가 완료됩니다.

하지만, 기본적으로 윈도에 익숙하고 한 단계 더 실행해 보고 싶은 분들을 위해 저는 아래 2번이나 3번을 더 추천해 드립니다.

(선택)2. 윈도에 Conda, vscode를 이용한 Python 개발 환경

1) 윈도 머신에서 Miniconda를 설치

conda는 Python 개발에 필수적인, 독립 패키지 환경을 제공합니다. 윈도 Miniconda 다운로드 경로(https://docs.conda.io/en/latest/miniconda.html#windows-installers) 에서 설치 파일을 다운로드하고 설치를 진행합니다. 2023년 6월 기준 Python 3.10에 Miniconda3 Windows 64-Bit이 최신입니다.

☑ 챗GPT 활용: python 개발에서 conda 독립환경을 사용하는 이유

2) Git을 설치

Git은 분산 소스코드 관리 도구로 윈도에서는 설치를 해야 합니다. Git 다운로드 경로(https://git-scm.com/downloads) 에서 다운로드를 수행합니다. 2023년 6월 기준 2.41.0이 최신버전입니다. 설치 옵션이 많은데 건드리지 않고 기본 설정으로 설치를 완료합니다.

설치가 완료되면 윈도 "시작" - "Anaconda Prompt(miniconda3)"를 실행합니다.

다음 과정을 수행해 C 드라이브에 project 폴더를 생성하고 강좌에 필요한 파일을 다운로드합니다.

```
# 쉘 명령 앞에 (base)라는 기본 환경 설정이 뜨면 설치 완료
# 코드 실행을 위한 conda 환경 생성 - Python 3.11 기반의 환경을
sqler_lec 이름으로 생성
conda create -n sqler_lec python=3.11

# conda 환경 생성이 완료되면 conda 환경 활성화. 이후 이 환경을
쓰려면, 매번 활성화해줘야 함.
conda activate sqler_lec

# 드라이브의 루트로 이동 (또는 원하는 경로에 생성)
cd \
```

```
# project 폴더 생성
mkdir project

# project 폴더로 이동
cd project

# python 강좌 코드를 github에서 clone
git clone
https://github.com/CloudBreadPaPa/c9-python-getting-started.git

# c9-python-getting-started 디렉토리로 이동 후 vscode 실행
cd c9-python-getting-started
code .
```

이렇게 vscode까지 실행했다면 성공입니다.

(선택) 3. WSL(리눅스), Conda, vscode를 이용한 Python 개발 환경

위의 윈도에 설치하는 과정과 다르게 좀 더 개발과정을 심도 있게 공부하고 싶다면 리눅스를 구성하고 개발 환경을 만들 수 있습니다. 말 그대로 선택 과정이며, 전문 개발자를 목표로 하신다면 이 WSL(리눅스) 과정을 추천합니다.

1) 윈도 PC에 WSL을 설정 - 개발자 커뮤니티 SQLER.com - 클라우드 오픈소스 개발환경 - WSL(https://www.sqler.com/board_Azure/1094343)

WSL은 윈도에서 지원하는 리눅스 가상환경입니다. 여러 리눅스 배포판을 지원하며, Ubuntu 22.04 LTS 2023년 6월 기준) 설치를 권장해 드립니다.

참고링크: WSL을 사용하여 Windows에 Linux 설치(https://learn.microsoft.com/ko-kr/windows/wsl/install)

```
# 관리자 권한으로 명령프롬프트 실행
```

```
# wsl 설치 (기본 Ubuntu 22.04 LTS)
wsl --install

# 시스템 재시작

# 재시작하면 기본 Ubuntu가 설치 완료.(username과 password를 설정 후
설치 완료.)
# 윈도의 시작 - "wsl" 앱을 실행해 WSL 실행 가능
이제 리눅스 머신을 윈도에 구성했습니다.
```

2) WSL에 접속 후 conda 설치

conda는 Python 개발에 필수적인, 독립적인 패키지 설정 환경을 제공합니다.
Miniconda ─ Conda
documentation(https://docs.conda.io/en/latest/miniconda.html)

```
# home directory로 이동
cd ~

# download directory 생성 후 이동
mkdir download
cd download

# miniconda 다운로드 - wget 이용
wget
https://repo.anaconda.com/miniconda/Miniconda3-latest-Linux-x86_
64.sh
# 다운로드 링크가 다를 경우, Miniconda -- Conda documentation에서
다운로드 링크 다시 확인

# 쉘에서 miniconda 설치 실행 명령 - Installing on Linux -- conda
bash Miniconda3-latest-Linux-x86_64.sh

# 기본 설정으로 수행하다가 conda init을 할 건지 묻는데 yes로
응답합니다.
```

```
# 설치가 완료되면 쉘을 종료하고 재실행
bash

# 쉘 명령 앞에 (base)라는 기본 환경 설정이 뜨면 설치 완료
# 예제 코드 실행을 위한 conda 환경 생성 - Python 3.11 기반의 환경을
sqler_lec 이름으로 생성
conda create -n sqler_lec python=3.11

# conda 환경 생성이 완료되면 conda 환경 활성화. 이후 이 환경을
쓰려면, 매번 활성화해줘야 함.
conda activate sqler_lec

# 쉘 명령 앞에 (sqler_lec)이라는 기본 환경 설정이 뜨면 Python 개발
환경 설정 완료

# Jupyter notebook 설치
conda install jupyter  # 또는 환경에 따라, pip install jupyter
```

이렇게 miniconda 설정을 WSL에서 수행합니다. 혹시 설치 과정이 달라졌어도 Installing on Linux — conda(https://conda.io/projects/conda/en/latest/user-guide/install/linux.html) 링크 내용을 참조해 진행하면 됩니다.

3) 윈도10 머신에 vscode 설치 Download Visual Studio Code - Mac, Linux, Windows(https://code.visualstudio.com/Download)에서 vscode 다운로드 후 윈도 머신에서 설치(WSL에서 리눅스용 받고 설치 하시는 거 아닙니다.)

- 개발자 커뮤니티 SQLER.com - 오픈소스 개발도구 - vscode 설치 (WSL 설치 포함)(https://www.sqler.com/board_CSharp/1094385)

- 마켓플레이스에서 WSL extension
설치(https://marketplace.visualstudio.com/items?itemName=ms-vscode-remote.remote-wsl)

참조링크: Developing in WSL(https://code.visualstudio.com/docs/remote/wsl)

WSL extension이 설치되어 있어야 정상적으로 WSL에 연결된 vscode가 실행됩니다.

4) WSL bash 쉘에서 vscode 실행

```
# home directory에 project dir을 생성하고 vscode를 실행
cd ~
mkdir project
cd project

# python 예제 코드를 github에서 clone
git clone
https://github.com/CloudBreadPaPa/c9-python-getting-started.git

# c9-python-getting-started 디렉토리로 이동 후 vscode 실행
cd c9-python-getting-started
code .
```

최초 WSL 접속 vscode 실행시 시간이 약간 소요될 수 있습니다.

이렇게 하면, vscode가 실행되고, WSL의 디렉토리를 바로 vscode에서 보면서 개발 가능합니다.

윈도에 vscode가 설치되어 있고, WSL 리눅스에 접속해 개발하게 되는 편리한 환경입니다.

```
# Ubuntu update 수행
sudo apt-get update
```

```
# ca-certificates를 설치
sudo apt-get install wget ca-certificates

# home directory에 project dir을 생성하고 vscode를 실행
cd ~
mkdir project
cd project

# python 강좌 코드를 github에서 clone
git clone
https://github.com/CloudBreadPaPa/c9-python-getting-started.git

# c9-python-getting-started 디렉토리로 이동 후 vscode 실행
cd c9-python-getting-started
code .
```

vscode에서 WSL 호스트 trust(신뢰) 및 필요한 extension 설치 알림이 나타나면
설치해 주시면 됩니다.

Python - Visual Studio
Marketplace(https://marketplace.visualstudio.com/items?itemName=ms-python.python)에서 vscode용 python extension 다운로드 후 설치 등을 수행합니다.

vscode에서 바로 설치도 가능합니다.

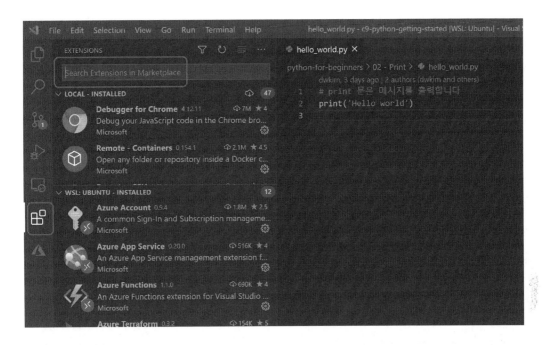

(저와는 화면이 다를 수 있습니다.) 왼쪽 하단의 extension을 클릭 - 검색창에 python
입력

python으로 검색된 항목 중, 최상단의 Microsoft 제작 python extension 설치.
이렇게 설치를 완료합니다.

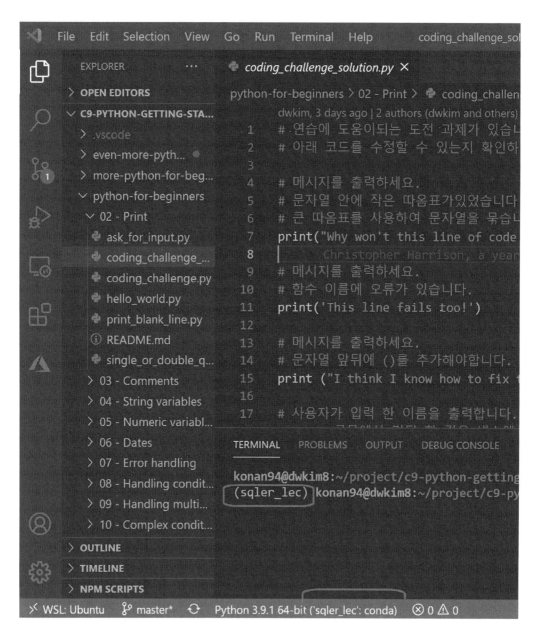

이렇게 vscode 안에서도 WSL Ubuntu의 bash shell을 사용 가능하며, vscode는 conda 환경과 자동 통합됩니다.

아래 python 환경이 조금 전 생성한 sqler_lec으로 되어있는지 체크하세요. 만약 다르다면 클릭하시고, 위에서 생성한 conda 환경인 sqler_lec을 선택하시면 됩니다.

5) 개발 작업 수행

이제 책의 나머지 예제를 모두 진행할 준비가 완료되었습니다. 수고 많으셨습니다.

Window를 이용한 개발도 충분히 훌륭하고, 모든 작업을 훌륭하게 진행 가능합니다.

이 강좌에서 WSL을, 정확히 말해, Ubuntu를 설치해 진행한 이유는,

- 개발 환경과 대부분의 배포/테스트 환경인 리눅스와 맞추기 위함입니다.

- 많은 글로벌 개발자 커뮤니티에서 Python은 Linux 기반, 그중에서도 가장 많은 리눅스 배포판인 Ubuntu 기반으로 개발하면서 정보를 공유합니다. 질문 답변이나 정보를 얻을 때 이 환경이 맞춰져 있다면 정보나, 문제 해결 방안을 빠르게 적용 가능합니다.

- Linux에서 제공하는 수많은 shell command들을 사용 가능합니다. awk, sed, grep 등의 수많은 개발자를 위한 cli 툴들을 이용해 Python에서 더 많은 개발 작업을 효율적으로 실행 가능합니다.

윈도와 리눅스에서의 개발에 차이를 두는 것이 아닙니다. 어느 쪽이 더 우리 개발자에게 효율적인지 한번 더 고민해 보고 스스로 결정하시면 됩니다.

많은 도움 되시길 바랍니다.

2. Print 구문

TL;DR

Vscode 개발환경과 명령프롬프트 또는 WSL(리눅스) 쉘에서 처음 Python 코드를 실행하는 절차를 가이드합니다. 또한, print()와 input() 코드를 실행해 원하는 내용을 출력하고 입력 받는 예제도 진행합니다.

https://www.sqler.com/board_CSharp/1095527

지난 강좌를 잘 따라오셨다면, 이번 강좌부터는 쉽게 진행 가능하실 겁니다.

코드를 실행할 디렉토리와 파일 생성

vscode에서 아래와 같이, 새 디렉토리 생성 버튼을 누르고 "sqler_python_lecture"를 생성합니다.

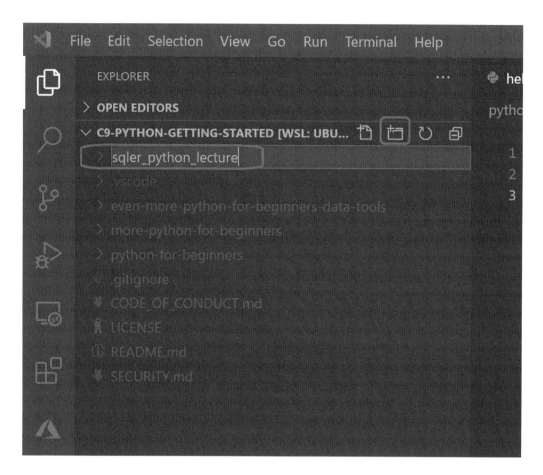

이어서, 아래 화면과 같이, "sqler_python_lecture" 디렉토리에서 파일추가 버튼을
누르고, 02_print.py 파일을 추가합니다.

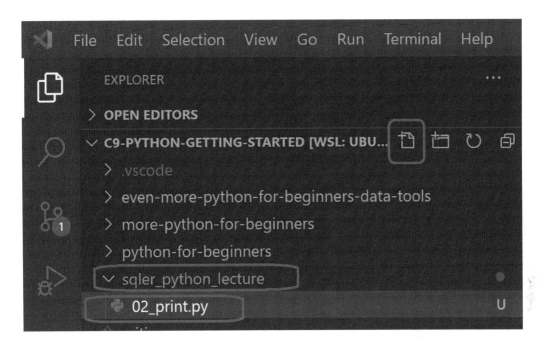

생성한 파일을 선택하면 우측에 빈 화면이 나옵니다. 이제 python 코드를 이곳에서
실행 가능합니다.

아래 코드를 복사해 붙여넣기 하고 컨트롤키 + F5번 키를 눌러 실행합니다.

```
# print 문은 메시지를 출력합니다
print('Hello world')
```

다른 방법으로, shell에서 실행도 가능합니다. vscode에서는 컨트롤키 + grave키(숫자
1키 왼쪽) 버튼을 눌러 윈도우 명령 프롬프트(command prompt) - terminal을 열 수
있습니다. WSL 설치를 완료 하셨다면, 기본 Ubuntu bash shell이 열릴 겁니다.
이곳에서 아래의 python bash shell 명령을 실행해도 됩니다.

```
python 02_print.py
```

이렇게 실행해도 같은 결과를 보실 수 있습니다. 이후 강좌에서도 이렇게 파일을 생성하고, python 실행 명령을 진행하면 됩니다.

기본 print 메시지 출력

이렇게 문자열(string)을 출력할 수 있습니다.

```python
# print 문은 메시지를 출력합니다
print('Hello world')
```

string을 작은따옴표나 큰 따옴표로 묶어 출력할 수 있습니다.

```python
# 문자열은 작은 따옴표로 묶을 수 있습니다.
print('Hello world single quotes')

# 문자열을 큰 따옴표로 묶을 수 있습니다.
print("Hello world double quotes")
```

input 구문

input 구문을 사용해 사용자 입력을 받아 변수에 저장하고 print로 출력 가능합니다.

```python
# input 함수를 사용하면 사용자가 값을 입력할 수 있음.
# 사용자가 입력 한 값을 유지하려면 변수를 선언해야 함.

name = input('What is your name? ')
print(name)
```

빈 줄(blank line)을 출력해 코드를 읽기 편하게 만들 수 있습니다.

```python
# 각 print 구문은 새 라인에서 출력됩니다.
print('Hello world')
```

```
# print 문에 아무것도 전달하지 않으면 빈 라인이 출력됩니다.
print()
print('Did you see that blank line?')

# '\n'은 새 라인 출력을 의미하는 특수 문자입니다.
# 여러 줄에 걸쳐 출력을 분리하는 데 사용할 수 있습니다.
print('Blank line \nin the middle of string')
```

간단한 디버깅에서 print를 사용 가능합니다. - 오류 위치를 파악하거나, 의심 가는 변수 등을 출력 가능합니다.

```
print('adding number')
x = 123 + 456
print('dividing number')
y = x / 0
print('done')
```

챗GPT에게 여러 오류 확인도 가능합니다. 이런 패턴이나 오류 메시지를 이용해 프롬프트를 보내보세요.

☑️ 챗GPT 활용: 아래 python 구문의 오류를 알려줘
　　prnit('This line fails too!')

☑️ python print 구문 예제를 알려줘

☑️ show python print example with format method

챗GPT에게 영어로 프롬프트를 보내면 한글보다 비교적 상세하고 빠르게 응답합니다.
좀 더 깊은 프로그래밍 대화나 예제가 필요할 때에는 이렇게 영어로 프롬프트 해 보세요.

연습문제

아래의 코드는 오류가 있습니다. 오늘 배운 print 구문을 통해 문제를 해결해 보세요.

```
# 연습에 도움이 되는 도전 과제가 있습니다.
# 아래 코드를 수정할 수 있는지 확인하세요.

# 메시지를 출력하세요.
print('Why won't this line of code print')

# 메시지를 출력하세요.
prnit('This line fails too!')

# 메시지를 출력하세요.
print "I think I know how to fix this one"

# 사용자가 입력 한 이름을 출력합니다.
input('Please tell me your name: ')
print(name)
```

문제의 해답은 "python-for-beginners/02 - Print/coding_challenge_solution.py" 에서 보실 수 있습니다.

중급 팁

보통 프로젝트에서는 print 구문을 사용할 때, formatting 해서 사용합니다.

```
print(f"So, you're {age} old, {height} tall and {weight}
heavy.")
```

이러한 print formatting은 시인성을 높이고, 출력될 결과를 variable과 함께 그대로 읽을 수 있어서 선호합니다.

이 패턴을 f-string 출력으로 보통 이야기 하고, python 3.6+부터 지원합니다.

더 많은 print formatting 관련 내용은 아래 링크를 참조하세요.

Python String Formatting Best Practices - Real
Python(https://realpython.com/python-string-formatting/)

3. 주석(Comments)

TL;DR

주석은 해시 문자(#)로 표시되며 코드를
문서화하는 데 사용됩니다. 코드가 실행될 때 주석
처리된 줄은 실행되지 않습니다. 주석은 다른
개발자에게 코드의 목적을 설명하거나
함수(function)에 대한 정보를 제공하는 경우에도
사용할 수 있습니다.

https://www.sqler.com/board_CSharp/1095558

주석은 해시 문자(#)로 시작하며 코드를 문서화할 수 있습니다. 실행되면 주석으로
표시된 라인은 실행되지 않습니다.

일반적인 주석

```
# This is a comment in my code it does nothing
# 코드의 주석이고 코드는 동작하지 않습니다.
# print('Hello world')
# print("Hello world")
# 아무 결과도 출력되지 않습니다.
```

다른 개발자에게 코드의 목적을 설명

아래와 같은 enable_pin이라는 함수가 있을 때, 함수의 목적과 정보를 이렇게 주석으로 표시 가능합니다.

```
# enable_pin 메서드는 아직 코딩하지 않았습니다.
# 더미 메서드를 만들었으므로 코드는 오류 없이 실행됩니다.
# 코드를 잘 이해하지 못하더라도 당황할 필요 없습니다. 별도의
모듈에서 메서드를 다룰 예정입니다.
def enable_pin(user, pin):
    print('pin enabled')



# current_user 및 pin 값을 설정하여 테스트 진행
current_user = 'TEST123'
pin = '123456'

# 보안 요구 사항에 나열된 대로 PIN 체크를 활성화하세요. - 코드를 잘
몰라도 놀랄 필요 없습니다.
enable_pin(current_user, pin)
```

또는, 이렇게 코드를 작성한 이유를 다른 개발자에게 설명할 수 있고, 디버깅에도 사용 가능합니다.

```
# 문자열 안에 작은따옴표가 포함되어 있으므로, 이 문자열에는 큰
따옴표를 사용합니다.
print("It's a small world after all")
```

멀티라인 comment를 아래와 같이 큰따옴표 3개를 연속해 사용 가능합니다.

```
"""
This is a comment
written in
more than just one line
```

42

```
"""
print("Hello, World!")
```

☑ 챗GPT 활용: show python function comment example

4. 문자열(String) 데이터 처리

TL;DR

문자열을 변수에 저장하고 문자열 함수를 사용하여
조작할 수 있습니다. + 연산자를 사용하여
문자열을 연결할 수 있으며 upper(), lower(),
capitalize() 및 count()와 같은 여러 문자열
함수는 문자열을 수정할 수 있습니다.

https://www.sqler.com/board_CSharp/1095565

Python은 문자열(string)을 저장하고 처리할 수 있습니다. 문자열은 작은따옴표 또는
큰 따옴표로 묶을 수 있습니다. 문자열을 처리할 때 사용할 수 있는 여러 문자열
메서드들이 있습니다.

문자열을 변수(variable)로 저장

아래 코드와 같이 문자열을 변수로 저장하고 출력하거나 다른 루틴에서 사용
가능합니다.

```python
# 변수에 문자열을 저장할 수 있습니다
first_name = 'Susan'

# 저장한 변수는 나중에 코드에서 사용할 수 있습니다.
print(first_name)
```

문자열을 + 연산자를 이용해 조합

+ 연산자를 이용하면 문자열을 조합해 원하는 결과 문자열을 생성할 수 있습니다.

```python
# + 연산자(operator)를 사용하여 문자열을 연결(concatenate)할 수
있습니다.
first_name = 'Susan'
last_name = 'Ibach'
print(first_name + last_name)

# 문자열 사이에 공백을 넣으려면 문자열 안에 공백을 추가해야 합니다.
print('Hello ' + first_name + ' ' + last_name)
```

문자열 함수를 이용한 문자열 수정

문자열을 처리하는 다양한 함수가 존재합니다. 이런 문자열 함수들을 이용해 다양한 문자열 수정 작업을 할 수 있습니다.

```python
# 문자열 변수에 사용할 수 있는 여러 문자열 함수가 있습니다.
sentence = 'The dog is named Sammy'

# upper 함수는 문자열을 대문자로 리턴합니다.
print(sentence.upper())

# lower 함수는 문자열을 소문자로 리턴합니다.
print(sentence.lower())

# capitalize 함수는 첫 글자를 대문자로, 나머지 문자열은 소문자로 된
문자열을 리턴합니다.
print(sentence.capitalize())

# count will count the number of occurrences of the value
specified in the string, in this case how many times the letter
'a' appears
# count는 문자열에 지정된 value의 발생 빈도를 리턴합니다. 이 경우
문자 'a'가 나타나는 횟수가 리턴됩니다.
```

```
print(sentence.count('a'))
```

문자열 포맷(formatting) 함수

문자열 포맷(formatting) 함수를 이용하면, 문자열을 잘 조직해 사용자에게 보여주거나
파일이나 DB에 저장 시 유용하게 사용할 수 있습니다.

```
name = "Charlie"
age = 35
print(f"이름: {name} 나이: {age}")
```

문자열 값으로 변환

필요해 의해 숫자형이나 다른 데이터 타입을 문자열 타입으로 변환할 필요가 있습니다.
이때 str 함수를 이용합니다.

```
x = str(3.5)
print(x)
```

☑ 챗GPT 활용: show python complex string format method

연습문제

아래의 comment를 살펴보고, 이를 코드로 구현하세요. 해결방안은
c9-python-getting-started/code_challenge_solution.py at master ·
CloudBreadPaPa/c9-python-getting-started
(github.com)(https://github.com/CloudBreadPaPa/c9-python-getting-started/b
lob/master/python-for-beginners/04%20-%20String%20variables/code_challe
nge_solution.py) 에서 보실 수 있습니다.

```python
# 사용자에게 이름을 입력받고 변수에 저장
# 사용자에게 성을 입력받고 변수에 저장
# 전체 이름을 출력
# 성과 이름 사이에 공백이 있는지 확인하세요.
# 이름과 성의 첫 글자가 대문자인지 확인하세요.
# 나머지 이름은 소문자인지 확인하세요.
```

5. 숫자(Numeric) 데이터 처리

TL;DR

Python은 정수 및 부동소수점 데이터형을 지원합니다. 숫자 데이터에 더하기, 빼기, 곱하기, 나누기와 같은 수치 연산을 수행할 수 있고, 숫자형 데이터를 문자열형으로 변환시 주의사항과 유용한 팁을 이 챕터에서 소개합니다.

https://www.sqler.com/board_CSharp/1095587

Python은 숫자를 저장하고 처리할 수 있습니다. Python에는 integer(정수) 또는 float(소수 자리가 있는 숫자), 두 가지 유형의 숫자형(numeric types)이 있습니다.

숫자형(numeric
types)(https://docs.python.org/3/library/stdtypes.html#numeric-types-int-float-complex)

변수를 이용해 숫자 값을 저장

앞의 문자열형과 마찬가지로, 숫자형 데이터 역시 변수에 저장하고 사용할 수 있습니다.

```
# 변수를 사용하여 숫자 값을 저장할 수 있습니다
pi = 3.14159
print(pi)
```

숫자값에 대한 다양한 수치연산 수행

큰 장점으로, Python에서 제공하는 다양한 수치연산 작업이 가능합니다.

```python
# 변수는 생성될 때 숫자 값이 할당되기 때문에
# Python은 이 변수를 숫자 변수로 처리합니다.
first_num = 6
second_num = 2

# 숫자 값(numeric value)에 대해 다양한 수치 연산 작업을 수행할 수 있습니다.
print('addition')
print(first_num + second_num)
print('subtraction')
print(first_num - second_num)
print('multiplication')
print(first_num * second_num)
print('division')
print(first_num / second_num)
print('exponent')
print(first_num ** second_num)
```

다른 데이터형과 조합 시 오류 처리

문자열과 같은 다른 데이터 타입과 조합하려 할 경우, Python에서 오류가 발생할 수 있습니다. 이런 경우에는 숫자형 데이터를 문자열로 변환해야 합니다.

```python
days_in_feb = 28

# print 함수는 숫자나 문자열을 출력할 수 있습니다
print(days_in_feb)

# + 연산자는 두 개의 숫자를 더하거나 두 문자열을 연결할 수 있습니다
# 하지만, 숫자와 문자열을 + 하도록 전달하면 오류를 발생시킵니다.
print(days_in_feb + ' days in February')

# 결과를 출력하려면 숫자를 문자열로 변환(convert) 해야 합니다.
# 이 코드는 잘 작동합니다
print(str(days_in_feb) + ' days in February')
```

숫자를 문자열(string)로 저장하면 문자열형(string type)으로 저장됨

숫자를 따옴표를 이용해 문자열로 저장하면, 숫자로 다뤄지지 않으며 문자열로 처리되고,
수치연산을 할 수 없습니다. 이럴 때에는 숫자형으로 변환해야 합니다.

```python
first_num = input('Enter first number ')
second_num = input('Enter second number ')

# 숫자가 포함된 문자열 변수가 있는 경우
# 문자열을 숫자로 처리하고 싶다면, numeric datatype으로 convert 해야 합니다
# int()는 문자열을 정수로 변환합니다. 예를 들어, 5, 8, 416, 506
print(int(first_num) + int(second_num))

# float()는 문자열을 decimal 또는 float로 변환합니다. 예를 들어, 3.14159,
89.5, 1.0
print(float(first_num) + float(second_num))
```

연습문제

아래의 comment를 살펴보고, 이를 코드로 구현하세요.

해결방안은 c9-python-getting-started/code_challenge_solution.py at master ·
CloudBreadPaPa/c9-python-getting-started
(github.com)(https://github.com/CloudBreadPaPa/c9-python-getting-started/blob/master/python-for-beginners/05%20-%20Numeric%20variables/code_challenge_solution.py)에서 보실 수 있습니다.

```python
# 사용자에게 번호 입력받음
# 사용자에게 두 번째 숫자를 입력받음
# 입력받은 두 숫자의 합을 계산
# 'first number + second number = answer' 출력
# 예를 들어 4와 6을 입력하면 출력은
# 4 + 6 = 10
```

6. 날짜와 시간 데이터 처리

TL;DR

datetime 모듈은 날짜와 시간을 처리하기 위한
클래스를 제공합니다. now() 함수를 사용하여 현재
날짜와 시각을 가져올 수 있고, 날짜와 시간을
더하거나 빼는 것과 같은 작업을 timedelta를
사용하여 수행할 수 있습니다. 또한, Formatting
기능을 사용하면 특정 날짜 또는 시간 정보도 추출할
수 있습니다.

https://www.sqler.com/board_CSharp/1095605

Python의 datetime 모듈(https://docs.python.org/3/library/datetime.html)에는 날짜 및
시간을 처리하기 위한 여러 클래스들이 포함되어 있습니다.

우선 날짜와 시간에 대한 데이터형을 정리합니다.

date와 time 데이터형

- date: 년, 월, 일을 포함
- time: 시, 분, 초 포함
- datetime: 년, 월, 일, 시, 분, 초 포함
- timedelta: 두 개의 날짜 또는 시간 사이의 기간(duration)

현재 날짜와 시간 처리

코드상에서 로깅을 하거나, 데이터를 저장할 때 빈번하게 현재날짜와 시각을 가져와야 합니다. 이때 now() 함수를 이용해 정보를 가져올 수 있습니다.

```python
# 현재 날짜와 시간을 얻으려면 datetime 라이브러리를 사용해야 합니다.
from datetime import datetime

current_date = datetime.now()
# now 함수는 현재 날짜와 시간을 datetime 객체로 반환합니다.

# datetime 객체를 다른 문자열에 연결하기 전에 문자열로 변환해야 합니다.
print('Today is: ' + str(current_date))
```

✅ 챗GPT 활용: utc 날짜 데이터에 대해서 알려줘

날짜나 시간 연산

날짜나 시간 데이터에 대해 여러 날짜를 더하거나 시간을 빼는 등의 연산을 해야 할 경우가 있습니다. 이때 timedelta를 이용하여 편하게 이러한 날짜/시간 데이터 처리가 가능합니다.

```python
# 현재 날짜와 시간을 얻으려면 datetime 라이브러리를 사용해야 합니다.
from datetime import datetime, timedelta
# now 함수는 현재 날짜와 시간을 리턴합니다.
today = datetime.now()

print('Today is: ' + str(today))
# timedelta를 사용하여 날짜에 일 또는 주를 더하거나 뺄 수 있습니다.
one_day = timedelta(days=1)
yesterday = today - one_day
print('Yesterday was: ' + str(yesterday))

one_week = timedelta(weeks=1)
last_week = today - one_week
print('Last week was: ' + str(last_week))
```

날짜나 시간 포맷(formatting) 함수

특정한 날짜나 시간 함수를 이용해 formatting이 가능합니다. 날짜의 해당 월이나 일 정보만 추출해 이를 문자열이나 다른 데이터로 처리 가능합니다.

```python
# 현재 날짜와 시간을 얻으려면 datetime 라이브러리를 사용해야 합니다.
from datetime import datetime

# now 함수는 현재 날짜와 시간을 리턴합니다.
today = datetime.now()

# 일, 월, 년, 시, 분, 초 function 사용해 날짜의 일부만 표시할 수 있습니다.
# 이 모든 함수는 정수(integer) 값을 반환합니다.
# 다른 문자열에 연결(concat) 하기 전에 문자열로 변환해야 합니다.
print('Day: ' + str(today.day))
print('Month: ' + str(today.month))
print('Year: ' + str(today.year))

print('Hour: ' + str(today.hour))
print('Minute: ' + str(today.minute))
print('Second: ' + str(today.second))
```

문자열로 날짜/시간 데이터를 받을 경우 변환

가끔, 문자열로 날짜나 시간 데이터를 받을 경우가 있습니다. 이때 strptime() 함수로 문자열 데이터를 날짜/시간 데이터형으로 변환할 수 있습니다.

```python
# datetime, timedelta 모듈을 import 합니다.
from datetime import datetime, timedelta

# 사용자에게 날짜를 입력받을 때 날짜 형식을 알려주면 좋습니다.
birthday = input('When is your birthday (dd/mm/yyyy)? ')

# 날짜가 포함된 문자열을 날짜 객체로 변환할 때 변환할 날짜 형식을 지정해야
합니다.
# 날짜가 지정된 형식이 아니면 Python은 예외를 발생시킵니다
birthday_date = datetime.strptime(birthday, '%d/%m/%Y')

print ('Birthday: ' + str(birthday_date))
```

```
# 문자열을 날짜 객체로 변환했기 때문에 timedelta와 같은 날짜 및 시간 함수를
사용할 수 있습니다.
one_day = timedelta(days=1)
birthday_eve = birthday_date - one_day
print('Day before birthday: ' + str(birthday_eve))
```

✅ 챗GPT 활용: python의 **datetime.strptime**에 대해 알려줘

연습문제

아래의 comment를 살펴보고, 이를 코드로 구현하세요. 해결방안은
c9-python-getting-started/code_challenge_solution.py at master ·
CloudBreadPaPa/c9-python-getting-started
(github.com)(https://github.com/CloudBreadPaPa/c9-python-getting-started/blob/mas
ter/python-for-beginners/06%20-%20Dates/code_challenge_solution.py)에서 보실 수
있습니다.

```
# 오늘의 날짜 출력
# 어제의 날짜 출력
# 사용자에게 날짜 입력 요청
# 입력받은 날짜로부터 1주 후 날짜 출력
```

7. 에러 핸들링(Error Handling)

TL;DR

에러(Error)는 구문 오류, 런타임 오류, 로직 오류의 세 가지 유형이 있습니다. Try/except/finally 블록으로 에러를 핸들링 하는 가이드와, 디버깅을 잘 하기 위한 stack trace 보는 방법, 코드 검토 절차 등을 설명하고, 프로젝트에서 에러 핸들링 방법에 대한 팁을 이 챕터에서 안내합니다.
https://www.sqler.com/board_CSharp/1095614

에러(error)는 다양한 개발 상황에서 발생합니다. 에러는 발생 안 할 수가 없죠. 그래서 무엇보다도, 이런 에러를 잘 핸들 하는 게 중요합니다.

에러의 타입은 세 가지 종류가 존재

구문에러(Syntax error), 런타임 에러(Runtime error), 로직 에러(Logic error)가 있습니다.

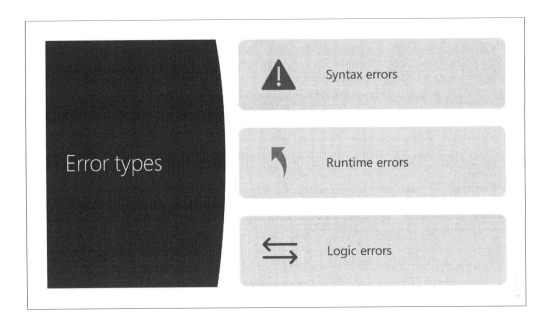

구문에러(Syntax error)

구문에러는 코드가 아예 실행되지 않습니다. 예를 들어, 아래와 같은 경우입니다.

```
#구문에러(syntax error) 코드
x = 42
y = 206
if x == y
    print('Success')
```

이 코드는 4번 줄의 if 구문 맨 뒤에 콜론-":" 기호가 없어서 오류를 발생시킵니다. 이런 syntax 오류는 Python과 같은 실행기가 대부분의 경우 잘 알려주고, 쉽게 해결 가능합니다.

런타임 에러(Runtime error)

런타임에러는 실행 중에 발생하는 에러입니다.

```
x = 42
```

```
y = 0

print(x / y)
```

예를 들어, 이 코드는 Division by zero 에러 발생 시킵니다.

이런 런타임시에 발생하는 에러핸들링이 필요합니다. 예를 들어, 이런 식으로 코딩할 수 있습니다.

```
x = 42
y = 0

try:
    print(x / y)
except ZeroDivisionError as e:
    # 선택 항목으로, "e" 값을 어딘가에 로깅합니다.
    print('Sorry, something went wrong')
except:
    print('Something really went wrong')
finally:
    print('This always runs on success or failure')
```

실행하면, 에러가 핸들 되어 'Sorry, something went wrong' 메시지가 출력됩니다.

try / except / finally 사용

이 에러 핸들링은 버그를 찾는 용도로 사용되지 않습니다. 에러를 처리하는 데 사용되며, 버그를 찾기 위해서는 디버깅 과정을 수행해야 합니다.

모든 오류를 catch 할 필요는 없습니다. 위 코드의 9번 라인처럼, 핸들 가능한 오류를 핸들하고 그렇지 않은 오류는 이렇게 catch 하여, 기록해 이후 디버깅에 활용하면 됩니다.

로직에러(Logic error)

에러를 발생하지 않지만, 의도치 않게 동작하는 경우를 의미합니다.

아래의 코드와 같이 x는 y보다 크지만, if 구문에서 작음으로 비교해 if구문 안쪽 블록을 수행하지 않습니다.

```
x = 206
y = 42
if x < y:
    print(str(x) + ' is greater than ' + str(y))
```

이런 경우 개발자의 논리 오류로 해당 블록이나 코드가 처리되지 않는 등의 로직에러 원인을 파악해야 합니다.

잘못 작성된 코드를 파악하는 절차

- stack trace 보는 방법
  - 마지막 호출이 최상단에 위치
  - 대부분의 경우 개발자의 코드는 맨 아래쪽에 위치
  - 오류가 발생한 줄 번호(line number)를 잘 확인해서 해결
- 코드의 오류 찾는 방법
  - 다시 코드를 잘 살펴볼 것
  - 함수나 클래스의 문서를 다시 확인
  - 인터넷 검색
  - 잠시 쉬었다가 다시 해보세요
  - 누군가에게 도움을 요청하는 것도 한 방법

에러 처리에 대한 몇 가지 팁

- 모든 코드 블록에 try/catch를 걸지 마세요. 외부 서비스나, DB 연결 부분과 같은 가능성이 높은 부분을 우선적으로 처리하세요.
- 변수나 object 선언/매핑에서는 걸지 않습니다.
- except 객체의 오류 메시지는 가능한 모두 남기세요. - call stack 등 메시지는 이후 디버깅에 큰 도움이 됩니다.
- 패키지나 프레임워크의 버그를 만날 가능성은 로또 맞는 것처럼 희박합니다. 나의 코드를 항상 먼저 의심하고 살펴보세요.

- 런타임 에러와 로직에러를 피하는 가장 가성비 좋은 방법은 linting과 unit test입니다. 항상 테스트 코드를 작성하고, 자동화된 test를 통과해야만 branch에 merge 되는 규칙을 리포지토리의 코드 branch에 걸어두세요.(이후 팁으로 한번 더 풀어볼게요.)

8. 조건문(Condition):1 (IF-ELSE)

TL;DR

이 챕터에서는 Python에서 if 구문 - 조건(condition) 처리를
설명합니다. if 구문의 비교 연산자와 if-else 문에 대해
정리하고, 코드 예제를 통해 다양한 조건에 대응해 코딩하는
방법을 가이드합니다.
https://www.sqler.com/board_CSharp/1095623

if 구문을 이용해 분기(condition) 처리가 가능합니다. 아래 구문은 기본적인 if 조건문입니다.

```python
# 캐나다에서는 1달러 이하는 세금을 내지 않고, 1달러 초과는 7%의 세금이
부과된다고 합니다.
if price > 1.00:
    tax = .07
    print('Tax rate is: ' + str(tax))
```

Python 코드에서 주의할 부분은 2번 라인 조건문의 마지막 ":" 기호와 if 블록 (3번 라인부터)
인덴트(들여 쓰기)된 코드입니다. 이 규칙이 if 구문의 기본적인 구조입니다.

비교연산자

다음 항목들은 Python에서 사용되는
비교연산자(https://docs.python.org/3/library/stdtypes.html#comparisons)들입니다.

- < 미만
- < 초과
- == 같음

- >= 이상(같거나 큼)
- <= 이하(같거나 작음)
- != 같지 않음

if-else 구문

다음과 같은 형식으로 if-else 구문을 이용 코딩 가능합니다.

```python
price = input('how much did you pay? ')
price = float(price)

if price >= 1.00:
    # $1.00 이상의 비용은 모두 7%의 세금이 부과됩니다.
    # 들여 쓰기(indent)된 모든 구문은 price >= 1.00 인 경우에만 실행됩니다.
    tax = .07
    print('Tax rate is: ' + str(tax))
else:
    # 그 외에는 세금을 부과하지 않습니다.
    # 들여 쓰기 된 모든 구문은 가격이 $1 미만인 경우에 실행됩니다.
    tax = 0
    print('Tax rate is: ' + str(tax))
```

이렇게 if-else 구문이 처리됩니다.

```python
price = 5.0
if price >= 1.00:
    tax = .07
else:
    tax = 0

# 아래의 print 구문은 들여 쓰기(indent) 되지 않았기 때문에, if 구문 실행
완료 후 실행됩니다.
print(tax)
```

if-else 구문 이후 인덴트 하지 않은 코드는 당연히 if-else 이후 항상 실행됩니다.

문자열 비교 구문

문자열을 비교할 때는 대소문자에 주의해야 합니다.

이를 위해, 항상 대문자 또는 소문자로 변환하는 문자열 함수를 적용 후 비교하는 것이 좋습니다.

```python
country = 'CANADA'
# 입력 한 문자열을 소문자로 변환하고, 모두 소문자인 문자열과 비교하여 대소
문자를 구별하지 않고 비교합니다.
# 누군가가 CANADA 또는 Canada라고 입력해도, 모두 소문자로 변환해 비교했기
때문에 조건은 일치합니다.

if country.lower() == 'canada':
    print('Hello eh')
else:
    print('Hello')
```

이렇게 조건문은 코드를 다양한 상황에 맞춰 반응하도록 작성할 수 있게 합니다.

Python 개발 시에 매우 자주 사용하게 되니 다양한 패턴을 익혀 두시면 좋습니다.

연습문제

아래의 comment를 살펴보고, 이를 코드로 구현하세요. 해결방안은
c9-python-getting-started/code_challenge_solution.py at master ·
CloudBreadPaPa/c9-python-getting-started
(github.com)(https://github.com/CloudBreadPaPa/c9-python-getting-started/blob/master/python-for-beginners/08%20-%20Handling%20conditions/code_challenge_solution.py) 에서 보실 수 있습니다.

```python
# 이 코드의 오류를 수정하고 아래 구문을 테스트합니다.
# 2.00을 입력하면 "세율: 0.07"이라는 메시지가 출력됩니다.
# 1.00을 입력하면 "세율: 0.07"이라는 메시지가 출력됩니다.
# 0.50을 입력하면 "세율: 0"이라는 메시지가 출력됩니다.
```

9. 조건문(Condition):2 다중 조건 처리

TL;DR

이 챕터에서는 Python에서 if 문을 사용하여 여러
조건을 비교하는 방안에 대해 살펴봅니다. if 문, elif 문,
else 문 사용 등, 복잡한 조건을 처리하기 위한 중첩 if
문도 다룹니다.

https://www.sqler.com/board_CSharp/1095639

여러 가지 조건의 비교를 해야 할 경우, 앞에서 배운 if 구문을 나열해 처리 가능합니다.

예를 들어, 지역마다 tax 값이 다를 경우의 조건을, 아래와 같이 if 구문을 나열해 여러 조건을
구현할 수도 있습니다.

하지만, 일반적으로 권장하는 방식은 아닙니다.

```python
province = input("What province do you live in? ")
tax = 0

# 여러 if 조건문을 나열해 수행 - 권장하는 방법은 아닙니다.
if province == 'Alberta':
    tax = 0.05
if province == 'Nunavut':
    tax = 0.05
if province == 'Ontario':
    tax = 0.13
print(tax)
```

elif를 이용한 조건 비교

이렇게 여러 if 조건을 수행할 경우, elif로 코드 패턴을 변경하는 것이 더 권장하는 방식입니다. 다음과 같이 코드에서 elif를 이용할 수 있습니다.

```
province = input("What province do you live in? ")
tax = 0

if province == 'Alberta':
    tax = 0.05
elif province == 'Nunavut':  # elif 추가
    tax = 0.05
elif province == 'Ontario':
    tax = 0.13
print(tax)
```

if - elif 구문을 이용할 경우 기본조건(default condition)으로 else 구문을 추가할 수도 있습니다.

```
province = input("What province do you live in? ")
tax = 0

if province == 'Alberta':
    tax = 0.05
elif province == 'Nunavut':
    tax = 0.05
elif province == 'Ontario':
    tax = 0.13
else:  # default condition으로 else 구문 처리
    tax = 0.15
print(tax)
```

여러 조건을 하나의 동작으로 수행

여러 조건이 하나의 동작을 수행될 경우, 다음 코드와 같이 and 또는 or 연산자를 이용해 하나의 조건으로 조합할 수 있습니다.

64

아래 코드의 경우, or 조건으로 둘 중 하나의 조건이 True일 경우 다음 코드 블록이 실행됩니다.

```python
province = input("What province do you live in? ")
tax = 0

if province == 'Alberta' or province == 'Nunavut':  # or 조건. 둘 중
하나의 조건이 True이면 실행
    tax = 0.05
elif province == 'Ontario':
    tax = 0.13
else:
    tax = 0.15
print(tax)
```

여러 or 조건들을 나열할 경우 "in" 연산자를 이용 가능

or 조건이 많아질 경우, 각 조건들을 비교하는 or 구문을 계속 나열하기 어렵습니다. 이럴 때, in 연산자를 쓰면 편리합니다.

```python
province = input("What province do you live in? ")
tax = 0

if province in('Alberta', 'Nunavut', 'Yukon'):  # in 연산자로 비교항목을
조합(combine)하여 처리
    tax = 0.05
elif province == 'Ontario':
    tax = 0.13
else:
    tax = 0.15
print(tax)
```

중첩 if 구문(nest if statement)

조건들의 조합에 의존성이 있을 경우 - 중첩된(nested) if 구문을 사용합니다.

```python
country = input("What country do you live in? ")
```

65

```
if country.lower() == 'canada':
    province = input("What province/state do you live in? ")
    if province in('Alberta', 'Nunavut', 'Yukon'):
        tax = 0.05
    elif province == 'Ontario':
        tax = 0.13
    else:
        tax = 0.15
else:
    tax = 0.0

print(tax)
```

이렇게 다중 조건 처리를 Python에서 코드로 구현할 수 있습니다.

연습문제

아래의 comment를 살펴보고, 이를 코드로 구현하세요. 해결방안은
c9-python-getting-started/code_challenge_solution.py at master ·
CloudBreadPaPa/c9-python-getting-started
(github.com)(https://github.com/CloudBreadPaPa/c9-python-getting-started/blob/master/python-for-beginners/09%20-%20Handling%20multiple%20conditions/code_challenge_solution.py)에서 보실 수 있습니다.


```
# 사용자에게 이름을 묻습니다.
# 이름이 A 또는 B로 시작하는 경우 AB 방으로 배정하세요.
# 이름이 C로 시작하는 경우 C 방으로 배정하세요.
# 이름이 다른 문자로 시작하면 성을 문의합니다.
# 성이 Z로 시작하면 Z 방으로 가라고 말하세요
# 성이 다른 문자로 시작하면 OTHER 방으로 가라고 말하세요.
# 완료되면, Anna는 AB 방에 있어야 합니다.
# Bob은 AB 방에 있어야 합니다.
# Charlie는 C 방에 있어야 합니다.
# Khalid Haque는 OTHER 방에 있어야 합니다.
# Xin Zhao는 Z 방에 있어야 합니다.
```

10. 조건문(Condition):3 복잡한 조건 처리

TL;DR

이 챕터에서는 if 문에서 AND 연산자를 사용하는 복잡한
조건문을 다룹니다. 중첩된 if 문을 보여주고 AND 조건
등을 사용하여 더 나은 조건을 설정하는 방식을 논의합니다.
https://www.sqler.com/board_CSharp/1095646

조건문 마지막 강좌입니다. 제목에 complex가 포함되어 있어 복잡해 보이지만, 실제로는 AND
조건을 주로 소개합니다.

예를 들어, 장학생을 선발하는 조건이라고 할 때,

- 0.85 이상의 평균 학점 조건
- 그리고, 최하위 등급이 0.7 이상

인 조건을 만족해야 장학생으로 선발된다고 가정해 볼 수 있습니다. 이 경우 아래와 같이 if
조건을 중첩해 처리 가능하지만, 권장하지 않습니다.

if 구문을 중첩해 사용하는 패턴

```python
# 평균이 등급이 0.85 이상이고, 최하위 등급이 0.7이 아니면 이 학생은
우등생으로 분류합니다.
if gpa >= .85:
    if lowest_grade >= .70:
        print('You made the honour roll')
```

AND 조건 사용

더 좋은 방법은 if 구문에서 AND 조건을 이용하는 방법입니다.

```python
# 평균이 등급이 0.85 이상이고, 최하위 등급이 0.7이 아니면 이 학생은
우등생으로 분류합니다.
if gpa >= .85 and lowest_grade >= .70:  # and 조건
    print('You made the honour roll')
```

이렇게 표현하면 좀 더 쉽게 코드로 구현 가능합니다. AND 조건은 각 조건이 모두 True일 경우에만 다음 코드가 실행됩니다.

만약, 장학생 여부 결과를 기억해야 한다면, 조건 체크 후 결과를 변수에 담아 나중에 처리 가능합니다.

```python
# 요구사항이 장학생 요건에 적절한지 체크합니다.
gpa = float(input('What was your Grade Point Average? '))
lowest_grade = float(input('What was your lowest grade? '))

# Boolean 변수에 True/False 값을 저장 가능합니다.
if gpa >= .85 and lowest_grade >= .70:
    honour_roll = True  # 이렇게 결과를 honour_roll 변수에 저장
else:
    honour_roll = False

# 학생이 장학생인지 확인해야 하는 경우 앞에서 세팅 한 Boolean 변수만 확인하면
됩니다.
if honour_roll:
    print('You made honour roll')
```

연습문제

아래의 comment를 살펴보고, 이를 코드로 구현하세요. 해결방안은
c9-python-getting-started/code_challenge_solution.py at master ·
CloudBreadPaPa/c9-python-getting-started
(github.com)(https://github.com/CloudBreadPaPa/c9-python-getting-started/blob/master/python-for-beginners/10%20-%20Complex%20conditon%20checks/code_challenge_solution.py)에서 보실 수 있습니다.

```
# 하키 팀에 가입하면 유니폼 뒷면에 이름이 표시됩니다.
# 그렇지만 유니폼은 이름의 모든 글자를 담을 만큼 충분히 크지 않을 수도
있습니다.
# 사용자에게 이름을 묻습니다.
# 사용자에게 성을 입력받습니다.

# 이름이 < 10 이고 성이 < 10 인 경우
#    유니폼에 성과 이름을 인쇄
# 이름이 >= 10 이고 성이 < 10 인 경우
#    이름의 첫 이니셜과 성 전체를 인쇄합니다.
# 이름이 < 10 이고 성이 >= 10 인 경우
#    전체 이름과 성의 첫 이니셜을 인쇄합니다.
# 이름이 >= 10 이고 성이 >= 10 인 경우
#    성만 인쇄합니다.


# 다음 이름을 테스트합니다.
# 이름 : Susan    성 : Ibach
# 결과 : Susan Ibach
# 이름 : Susan    성 : ReallyLongLastName
# 결과 : Susan R.
# 이름 : ReallyLongFirstName    성 : Ibach
# 결과 : R. Ibach
# 이름 : ReallyLongFirstName    성 : ReallyLongLastName
# 결과 : ReallyLongLastName
```

11. 컬렉션(Collection): list, array, dictionary

TL;DR

Python의 list, array, dictionary 소개와 차이점을
소개하고, collection과 관련된 여러 코드를 예제를 통해
살펴봅니다. 각 collection의 장단점과 적용해야 할
데이터, 차이점에 대해서도 살펴보고 앞으로 사용될
강좌와 연계되는 부분도 설명합니다.
https://www.sqler.com/board_CSharp/1095658

Python을 개발하면서 여러 컬렉션을 사용하게 됩니다. 저도 프로젝트에서 list나 dictionary는
거의 매번 사용했지만, 이게 collection이라는 범주로 묶인다는 것을 강좌를 준비하면서 처음
알았네요. 강좌에서 Tuple이나 Set은 커버하지 않는데, 저도 Tuple은 수년간 Python을 하면서
딱 한번(AzureML 데이터셋처리에서 입력 요구) 사용했을 정도로 거의 쓰이지 않았습니다.

하지만 List와 Dictionary는 거의 표준 데이터형만큼 자주 쓰이니 꼭 잘 공부해 두시길 권장해
드립니다.

컬렉션(Collections)

컬렉션은 항목들(items)의 그룹입니다. Python은 여러 유형의 컬렉션을 지원합니다. 가장
일반적인 세 가지는 dictionary, list 및 array입니다.

리스트(Lists) - 이하 List

List(https://docs.python.org/3/tutorial/introduction.html#lists)는 항목들(items)의 묶음입니다. List는 필요에 따라 확장 또는 축소 할수 있으며, 모든 데이터 유형을 포함할 수 있습니다. List는 정보의 단일 컬럼 컬렉션을 저장하는 데 일반적으로 사용되지만, Nested list(중첩 리스트)(https://docs.python.org/3/tutorial/datastructures.html#nested-list-comprehensions)로 사용될 수도 있습니다.

```python
names = ['Christopher', 'Susan']  # 리스트를 생성하면서 item을 추가
scores = []  # 빈 리스트 생성
scores.append(98)  # 리스트에 첫 번째 값 추가
scores.append(99)  # 리스트에 두 번째 값 추가
print(names)
print(scores)
print(scores[1])  # collection들은 index 번호 0부터 시작
```

배열(Arrays) - 이하 Array

Array(https://docs.python.org/3/library/array.html)는 list와 유사하지만 int 또는 float와 같은 하나의 기본 데이터형을 저장하도록 설계된 컬렉션입니다. 실제 대부분의 프로젝트에서 array가 사용될 경우는 이 책의 뒷부분 머신러닝 강좌에서 배우실 NumPy array를 쓰거나, pandas DataFrame을 더 자주 사용하게 될 겁니다.

```python
from array import array  # array를 사용하기 위해 import
scores = array('d')
scores.append(97)
scores.append(98)
print(scores)
print(scores[1])
```

Array와 List의 차이

이 두 항목은 비슷해 보이지만, 차이가 있습니다. list는 모든 타입의 item 값을 저장 가능하지만, array는 기본 타입의 item만 처리할 수 있습니다.

일반적인 list 작업과 함수

기본적으로 제공되는 함수를 통해, 다양한 작업을 collection들에 대해 수행 가능합니다. 특히 list나 dict의 기본 함수는 잘 알아 두시면 이후에 유용하실 겁니다.

```
names = ['Susan', 'Christopher']
print(len(names)) # 항목들의 개수를 출력
names.insert(0, 'Bill') # 인덱스의 앞에 추가
print(names)
names.sort()
print(names)
```

list에서 범위 데이터 추출

list에서 특정 범위의 데이터를 가져올 수 있습니다.

```
names = ['Susan', 'Christopher', 'Bill']
presenters = names[0:2] # 0번부터 2번까지 항목들을 가져와 저장
# 범위 인덱스 번호

print(names)
print(presenters)
```

딕셔너리(Dictionaries) - 이하 Dictionary

Dictionary(https://docs.python.org/3/tutorial/datastructures.html#dictionaries)는 여러 항목(item)의 key/value pair로 구성된 컬렉션입니다. Index나 value로만 접근 가능한 list와 달리, dictionary는 key를 사용하여 각 item을 식별합니다.

```
person = {'first': 'Christopher'}
person['last'] = 'Harrison'
print(person)
print(person['first'])
```

Dictionary와 list의 차이

Dictionary는 key/value를 가집니다. 저장되는 순서는, 항상 순서대로 처리되는 것을 보장하지 않습니다.

List는 index로 각 item이 저장되고 저장되는 순서의 정합성을 보장합니다.

차이가 무엇인가요?

Dictionaries

Key/Value 페어(pair)

저장 순서가 순차적임을 보장하지 않음

Lists

0부터 시작하는 인덱스(index)

저장 순서가 순차적임을 보장

12. 반복문(Loop): for, while

TL;DR

Python의 for와 while 반복문에 대해 설명합니다. for 문의 range 설정으로 반복 횟수를 지정하고, 조건 충족시까지 반복하는 while 반복문도 소개합니다.
https://www.sqler.com/board_CSharp/1095689

Python에서 제공하는 loop 구문인 for문과 while문입니다. 다양한 변형 방안이 있지만, 기본 포맷만 이해하고 사용해도 충분합니다.

For 루프

For 루프(https://docs.python.org/3/reference/compound_stmts.html#the-for-statement)는 array 또는 collection의 각 항목을 순서대로 가져와서 정의한 변수에 할당합니다.

다음 코드는 일반적인 for loop 구문입니다.

```python
for name in ['Christopher', 'Susan']:
    print(name)
```

for문은 대상 개체(위의 경우 두 개의 이름이 포함된 list)에 대해, 포함된 item의 범위(여기서는 2)만큼 반복을 수행하면서 개별 item을 name 변수로 저장하고 코드블록을 실행하고 반복합니다.

여기서, 지정된 횟수만큼 반복 실행하는 것을 조금 더 살펴보면.

```
# range는 array를 생성합니다
# 첫 번째 파라미터는 시작값입니다.
# 두 번째 파라미터는 종료 숫자를 의미합니다.

# range(0, 2)는 [0, 1]을 생성합니다.
for index in range(0, 2):
    print(index)
```

이렇게 range를 이용해 반복을 수행할 횟수를 지정하는 것도 가능합니다.

✅ 챗GPT 활용: python range 예제 알려줘

While 루프

While
루프(https://docs.python.org/3/reference/compound_stmts.html#the-while-statement)
는 조건이 true인 작업을 만날 때까지 계속 작업을 수행합니다.

```
names = ['Christopher', 'Susan']
index = 0
while index < len(names):
    print(names[index])
    # 조건을 변경하세요.
    index = index + 1
```

한 단계 더 - 효율적으로 loop를 활용하는, enumerate과 zip

이후 for문에서 자동 iterable 개체에 대해 counter를 출력하는 enumerate()이나, zip 정도만
더 알아두셔도 좋습니다.

enumerate()

range(len(object)) - 이러한 패턴의 iter개체의 서수를 구하기 위해 사용할 필요 없이 처리
가능합니다.

```
names = ['Christopher', 'Susan']
for i, name in enumerate(names):
    print(i, name)

===결과===

0 Christopher
1 Susan
```

zip()

여러 개체들을 병렬로 iteration 할 때 유용합니다. 결과는 tuple 형태로 출력됩니다.

```
names = ['Christopher', 'Susan']
roles = ['artist', 'developer']
for zipped in zip(names, roles):
    print(zipped)

===결과===

('Christopher', 'artist')
('Susan', 'developer')
```

많은 도움 되시길 바랍니다.

13. 함수(Function)

TL;DR

기본적인 함수 코딩 방법과 함수를 통해 코드를 재사용 할 경우의 장점, 함수에 파라미터를 전달해 동적으로 결과를 리턴하는 방안을 예제 코드를 통해 소개합니다.
https://www.sqler.com/board_CSharp/1095701

반복되는 코드를 복붙 하는 것은 개발자에게 일반적인 일입니다. 물론, 이렇게 복붙 하는 것도 한 방법이지만, 반복되는 코드를 함수로 생성하는 것이 더 효율적인 방법이죠. 그럼 함수, 시작합니다.

함수(Functions)

함수를 사용하면 반복되는 코드를 가져와 필요할 때, 호출할 수 있는 모듈로 재사용할 수 있습니다. 함수는 def 키워드로 정의되며, 코드에서 함수가 호출되기 전에 선언되어야 합니다. 함수는 파라미터(parameter-매개 변수)를 사용할 수 있고, 값을 리턴할 수 있습니다.

- Functions(https://docs.python.org/3/tutorial/controlflow.html#defining-functions)

코드를 복붙 할 경우의 코드 패턴

아래 코드와 같이, "task completed" 출력과 현재 일시 출력 코드 부분이 반복됩니다.

```
import datetime
```

```python
# 각 코드 섹션 다음에 timestamp를 인쇄하여 코드 실행에 걸리는 시간을
확인합니다.
first_name = 'Susan'
print('task completed')
print(datetime.datetime.now())
print()

for x in range(0,10):
    print(x)

print('task completed')
print(datetime.datetime.now())
print()
```

이런 반복되는 코드를 함수를 이용해 구현 가능합니다.

반복되는 코드를 함수로 변환

아래 코드와 같이 print_time()이라는 함수를 만들고, 이 함수를 호출해 재활용합니다.

```python
import datetime

# 메시지와 현재 시간을 출력하는 print_time이라는 함수를 생성합니다.
def print_time():
    print('task completed')
    print(datetime.datetime.now())
    print()

first_name = 'Susan'
# print_time() 함수를 호출해 메시지와 현재 시간을 표시합니다.
print_time()

for x in range(0,10):
    print(x)

# print_time() 함수를 호출해 메시지와 현재 시간을 표시합니다.
print_time()
```

☑ 챗GPT 활용: python 함수를 사용하는 이유

함수를 사용할 경우의 장점

코드의 재사용성을 높이는 장점은 기본입니다. 추가적으로,

- 로직 변경 시 코드 변경 최소화
- 버그 발생 가능성을 낮춤

이런 장점들도 함수를 통해 얻을 수 있습니다.

하지만, 함수를 호출할 때 다른 메시지를 출력하고 싶다면 어떻게 해야 할까요? 예를 들어, 아래의 코드와 같은 상황입니다.

```python
from datetime import datetime

# 다른 메시지를 표시하려면, 여전히 함수를 사용할 수 있을까요?
first_name = 'Susan'
print('first name assigned')
print(datetime.now())
print()

for x in range(0,10):
    print(x)

print('loop completed')
print(datetime.now())
print()
```

이런 경우에는 함수에 파라미터를 전달해 해결 가능합니다.

함수에 파라미터 전달

함수에 인자로 다른 파라미터를 전달하도록 구현할 수 있습니다.

```python
from datetime import datetime

# 현재 시간과 작업 이름을 인쇄하는 함수를 생성합니다.
# 다음 매개 변수 기능 :
#   task_name : 출력 시 표시할 작업의 이름
def print_time(task_name):
    print(task_name)
    print(datetime.now())
    print()


first_name = 'Susan'
# print_time() 함수를 호출해 메시지와 현재 시간을 표시합니다.
# 완료된 task_name을 파라미터로 전달합니다.
print_time('first name assigned')

for x in range(0,10):
    print(x)

# print_time() 함수를 호출해 메시지와 현재 시간을 표시합니다.
# 완료된 작업 이름을 전달합니다.
print_time('loop completed')
```

이렇게, def print_time(task_name) 형식의 task_name을 파라미터로 받아서 처리하고, 함수를 호출하는 부분에서 해당 파라미터에 인자를 넘깁니다. 그럼, 함수의 파라미터를 통해 넘어온 작업 이름이 출력됩니다.

반복되는 로직을 함수로 구현

같은 로직이 계속 반복되는 경우 역시 함수로 구현하는 좋은 패턴입니다.

```python
# 이름을 요청하고 이니셜을 리턴합니다.
first_name = input('Enter your first name: ')
first_name_initial = first_name[0:1]

middle_name = input('Enter your middle name: ')
middle_name_initial = middle_name[0:1]

last_name = input('Enter your last name: ')
```

```
last_name_initial = last_name[0:1]

print('Your initials are: ' + first_name_initial \
    + middle_name_initial + last_name_initial)
```

이 코드는 계속해서 이름의 이름을 가져와 첫 글자(이니셜)만 출력하는 로직이 반복됩니다.
이러한 패턴 역시 아래처럼 함수로 변경 가능합니다.

이름을 받아 이니셜을 리턴하는 함수

```
# name을 파라미터로 받고 이름의 첫 글자를 대문자로 리턴하는 get_initial
함수를 생성합니다.
# 매개 변수 :
#    name : 사람의 이름
# 리턴 값 :
#    파라미터로 전달된 이름의 첫 글자를 대문자로 리턴
def get_initial(name):
    initial = name[0:1].upper()
    return initial

# 이름을 입력받고 이니셜을 리턴합니다.
first_name = input('Enter your first name: ')
# 이름의 이니셜을 가져오기 위해 get_initial 함수를 호출
first_name_initial = get_initial(first_name)

middle_name = input('Enter your middle name: ')
# 이름의 이니셜을 가져오기 위해 get_initial 함수를 호출
middle_name_initial = get_initial(middle_name)

last_name = input('Enter your last name: ')
# 이름의 이니셜을 가져오기 위해 get_initial 함수를 호출
last_name_initial = get_initial(last_name)

print('Your initials are: ' + first_name_initial \
    + middle_name_initial + last_name_initial)
```

이렇게 get_initial 함수를 생성하고, 코드에서 호출하면, 코드를 더 효율적으로 작성 가능합니다.

만약, 이니셜을 가져올 때, 이니셜을 소문자로 리턴 하고 싶다면, 모든 코드를 변경하지 않고,
위의 get_initial 코드의 upper()만 lower() 변경하면 대문자가 아니라 소문자로 리턴되겠죠.

함수를 사용 추가 팁

정리해 보면, 다음과 같습니다.

- 코드를 더 읽기 쉽고, 관리하기 쉽도록 함수를 항상 염두에 두고 개발하세요.
- 함수의 목적과 파라미터를 설명하는 주석을 항상 추가하세요.
- 함수는 코드에서 사용되기 전에 선언되어야 합니다.

연습문제

아래의 comment를 살펴보고, 이를 코드로 구현하세요. 해결방안은
c9-python-getting-started/code_challenge_solution.py at master ·
CloudBreadPaPa/c9-python-getting-started
(github.com)(https://github.com/CloudBreadPaPa/c9-python-getting-started/blob/master/python-for-beginners/13%20-%20Functions/code_challenge_solution.py)에서 보실
수 있습니다.

```
# calculator function 생성
# 함수는 세 개의 파라미터를 입력받습니다.
# first_number : 수치 연산을 위한 숫자 값
# second_number : 수치 연산을 위한 숫자 값
# operator : 'add' 또는 'minus'라는 단어
# 함수의 operator 파라미터로 전달된 값에 따라, 더하거나 뺀 두 숫자의 결과를
출력해야 합니다.

# 6, 4, add 값으로 함수를 테스트하고, 결과로 10을 출력해야 합니다.
# 6, 4, subtract 값으로 함수를 테스트하고, 결과로 2를 출력해야 합니다.
# 6, 4, divide 값으로 함수를 테스트하고, 실행 결과는 'invalid values are
received' 에러 메시지를 출력해야 합니다.
```

14. 함수 파라미터(Parameter)

TL;DR

지난 Python 함수 챕터에 이어 더 다양한 함수 사용 방법과 효율적인 함수 파라미터 전달, 파라미터 위치지정, 명명된 표기법, 주석 표기 등 여러 함수 활용 방안을 소개합니다.

https://www.sqler.com/board_CSharp/1095725

함수를 사용하면 반복되는 코드를 가져와 필요할 때, 호출할 수 있는 모듈로 재사용할 수 있습니다. 함수는 def 키워드로 정의되며, 코드에서 함수가 호출되기 전에 선언되어야 합니다. 함수는 파라미터(parameter-매개 변수)를 사용할 수 있고, 값을 리턴할 수 있습니다.

함수 파라미터(Function parameters)

아래와 같은 패턴으로 함수와 파라미터를 선언합니다.

```
# 예시 코드입니다
def function_name(parameter):
    # 실행할 코드
    return value
```

함수 파라미터 기본값

매개 변수에 기본값(default value)(https://docs.python.org/3/tutorial/controlflow.html#default-argument-values)을 할당하여 함수가 호출될 때 선택 사항으로 지정할 수 있습니다.

```
# 예시 코드입니다
def function_name(parameter=default):
    # 실행할 코드
    return value
```

함수 파라미터 위치지정 또는 명명된 표기법 사용

함수를 호출할 때 위치를 지정해 표기(Positional notation)하거나 명명된 표기법(named notation)(https://docs.python.org/3/tutorial/controlflow.html#keyword-arguments)을 사용하여 파라미터 값을 지정할 수 있습니다.

```
# 예시 코드입니다
def function_name(parameter1, parameter2):
    # 실행할 코드
    return value

# 위치 지정 표기법(Positional notation)은 파라미터가 선언된 것과 같은 순서로
인자값을 전달합니다.
result = function_name(value1,value2)

# 명명된 표기법(Named notation)
result = function_name(parameter1=value1, parameter2=value2)
```

함수 파라미터 전달 코드

지난 함수 강좌에서 이미, 파라미터를 함수에 전달하고 리턴되는 결과를 받아 처리하는 예제를 공부했습니다.

```
# name을 파라미터로 받고 이름의 첫 글자를 대문자로 리턴하는 함수를 생성합니다.
# 매개 변수 :
#    name : 사람의 이름
# 리턴 값 :
#    파라미터로 전달된 이름의 첫 글자를 대문자로 리턴
def get_initial(name):
    initial = name[0:1].upper()
    return initial
```

```
# 이름을 입력받아 이니셜을 리턴합니다.
first_name = input('Enter your first name: ')

# 이름의 이니셜을 가져오기 위해 get_initial 함수를 호출합니다.
first_name_initial = get_initial(first_name)

print('Your initial is: ' + first_name_initial)
```

여러 파라미터를 함수에 전달

함수에 1개 이상의 파라미터를 전달 가능합니다. 아래의 코드처럼 이름과, 강제로 대문자로
변환할지 여부를 파라미터로 전달할 수 있으며, 파라미터 설정 순서에 따라 전달해야 합니다.

```
# 이름의 첫 이니셜을 리턴하는 함수를 생성합니다.
# 매개 변수 :
#   name : 사람의 이름
#   force_uppercase : 이니셜을 대문자로 표시할지 여부를 설정합니다.
# 리턴 값 :
#   파라미터로 전달된 이름의 첫 글자를 대문자로 리턴
def get_initial(name, force_uppercase):
    if force_uppercase:
        initial = name[0:1].upper()
    else:
        initial = name[0:1]
    return initial

# 이름을 입력받아 이니셜을 리턴합니다.
first_name = input('Enter your first name: ')

# 이름을 입력받아 이니셜을 리턴합니다.
first_name_initial = get_initial(first_name, False)

print('Your initial is: ' + first_name_initial)
```

이렇게 "force_uppercase" 파라미터를 이용해 조건에 따라 대문자 이니셜을 리턴할지 결정할
수 있습니다.

함수 파라미터에 기본값 설정

아래 코드와 같이, 함수의 파라미터에 기본값을 함께 전달할 수 있습니다.

```python
# name을 파라미터로 받고 이름의 첫 글자를 대문자로 리턴하는 함수를 생성합니다.
# 매개 변수 :
#   name : 사람의 이름
#   force_uppercase : 이니셜을 대문자로 표시할지 여부를 설정하고, 기본값은
True입니다.
# 리턴 값 :
#   파라미터로 전달된 이름의 첫 글자를 대문자로 리턴
def get_initial(name, force_uppercase=True):  # 파라미터 기본값 전달
    if force_uppercase:
        initial = name[0:1].upper()
    else:
        initial = name[0:1]
    return initial

# 이름을 입력받고 이니셜을 리턴합니다.
first_name = input('Enter your first name: ')

# get_initial 함수를 호출하지만, force_uppercase 값을 전달하지 않아
기본값이 사용됩니다.
first_name_initial = get_initial(first_name)

print('Your initial is: ' + first_name_initial)
```

force_uppercase=True으로 기본값을 적용해 함수를 처리하면, 코드 부분에서 함수에 파라미터를 전달하지 않아도, 기본값이 설정되어 함수가 실행됩니다.

명시적으로 함수 인자값을 지정

함수를 호출할 때, 인자를 이름과 함께 전달하면, 좀 더 명확하게 함수의 파라미터를 전달 가능합니다.

```python
# 이름의 이니셜을 리턴하는 함수를 생성합니다.
# 매개 변수 :
#   name : 사람의 이름
#   force_uppercase : 이니셜을 항상 대문자로 표시할지 여부를 설정합니다.
```

```
# 리턴 값 :
#   파라미터로 전달된 이름의 첫 글자를 대문자로 리턴
def get_initial(name, force_uppercase):
    if force_uppercase:
        initial = name[0:1].upper()
    else:
        initial = name[0:1]
    return initial

 # 이름을 입력받아 이니셜을 리턴합니다.
first_name = input('Enter your first name: ')

# get_initial을 호출해 이름의 첫 이니셜을 가져옵니다.
# 명시적으로 파라미터를 전달해 사용하면 순서에 관계없이 파라미터를 지정할 수
있습니다.
first_name_initial = get_initial(force_uppercase=True, \
                                 name=first_name)

print('Your initial is: ' + first_name_initial)
```

이렇게, 명시적으로 파라미터를 전달하면, 순서와 무관하게 파라미터를 지정할 수 있습니다.

더 읽기 쉬운 코드를 위한 함수와 파라미터, 그리고, 인자값 전달

예를 들어, 다음과 같이 여러 파라미터를 받는 error_logger라는 함수가 있다면, 함수를
호출하는 것도 쉽지 않고, 에러가 발생할 확률이 높아집니다.

```
# 코드 실행 중에 발생하는 오류를 처리하는 함수를 생성하면,
# 사용자에게 메시지가 표시되고 오류를 기록해 디버깅에 도움이 될 수 있습니다.

# 파라미터 :
#   error_code : 각각의 오류 유형에 할당된, 고유한 오류 코드. 예시) "45"는
데이터형 변환 오류입니다.
#   error_severity :     0 - 치명적인(fatal) 오류가 발생하지 않아야합니다.
#                        1 - 심각한(severe) 오류 코드로 인해 계속 진행할 수
없습니다.
#                        2 - 경고(warning) 코드는 계속 진행될 수 있지만,
정보가 누락될 수 있습니다
#   log_to_db : 이 오류가 데이터베이스에 기록되어야 하는지를 여부를
설정합니다.
```

```
#   error_message : 사용자에게 표시하고 데이터베이스에 입력할, 오류 메시지
#   source_module : 오류를 생성 한 Python 모듈의 이름

def error_logger(error_code, error_severity, log_to_db, error_message,
source_module):
    print('oh no error: ' + error_message)
    # 오류를 데이터베이스 또는 파일에 기록하는 코드가 있다고 가정합니다.

first_number = 10
second_number = 5

if first_number > second_number:
    # 이 함수 호출 패턴을 즉각적으로 이해하기 어렵습니다.
    # 이해하려면 error_logger 함수의 정의를 찾아서 살펴봐야 합니다.
    error_logger(45,1,True,'Second number greater than
first','adding_method')

if first_number > second_number:
    # 이 함수 호출은 전달하는 값이 함수의 파라미터에 매핑되는 방식으로 볼 수
있으므로,
    # 이해하기 더 쉽습니다.
    error_logger(error_code=45,
                 error_severity=1,
                 log_to_db=True,
                 error_message='Second number greater than first',
                 source_module='adding_method')
```

이런 패턴으로, 함수 파라미터 호출 시 인자값과 파라미터 이름을 명시적으로 사용해 코드를 읽기 쉽게 구성할 수 있으며, 아래처럼 인덴트(들여 쓰기)를 구성하면 더 읽기 쉬운 코드로 함수를 호출할 수 있습니다.

두세 개 이상의 파라미터를 전달하는 함수라면, 꼭 이렇게 명시적으로 파라미터를 전달할 것을 권장해 드립니다.

연습문제

아래의 comment를 살펴보고, 이를 코드로 구현하세요. 해결방안은
c9-python-getting-started/code_challenge_solution.py at master ·

CloudBreadPaPa/c9-python-getting-started
(github.com)([https://github.com/CloudBreadPaPa/c9-python-getting-started/blob/mas](https://github.com/CloudBreadPaPa/c9-python-getting-started/blob/master/python-for-beginners/14%20-%20Function%20parameters/code_challenge_solution.py)
[ter/python-for-beginners/14%20-%20Function%20parameters/code_challenge_soluti](https://github.com/CloudBreadPaPa/c9-python-getting-started/blob/master/python-for-beginners/14%20-%20Function%20parameters/code_challenge_solution.py)
[on.py](https://github.com/CloudBreadPaPa/c9-python-getting-started/blob/master/python-for-beginners/14%20-%20Function%20parameters/code_challenge_solution.py))에서 보실 수 있습니다.

```
# calculator 함수 생성
# 함수는 세 개의 파라미터를 받습니다.
# first_number : 수치 연산을 위한 숫자 값
# second_number : 수치 연산을 위한 숫자 값
# operator : 'add' 또는 'subtract'라는 단어를 입력받고, 기본 값은
'add'입니다.
# 함수는 operator로 전달된 파라미터에 따라 더하거나 뺀 두 숫자의 결과를
리턴해야 합니다.
# 6, 4 값으로 함수를 테스트하고, 결과로 10을 출력해야 합니다.
# 6, 4, subtract 값으로 함수를 테스트하고, 결과로 2를 출력해야 합니다.
# 6, 4, divide 값으로 함수를 테스트하고, 실행 결과는 'invalid values are
received' 에러 메시지를 출력해야 합니다.
```

15. 패키지(Package): import, pip

TL;DR

Python의 모듈과 패키지에 대해 소개하고, 패키지 설치
절차와 코드 재사용 방안 및 virtual environment로 독립
Python 환경을 구성하는 방안에 대해 살펴봅니다.
https://www.sqler.com/board_CSharp/1095734

Python 모듈(Module)

Python 모듈(https://docs.python.org/3/tutorial/modules.html)을 사용하면 함수와 같은
재사용 가능한 코드를 별도의 파일에 저장할 수 있습니다. 모듈은 import 구문을 사용하여
참조할 수 있습니다.

모듈 생성

예를 들어, 다음 코드로 helpers.py 파일을 vscode에서 생성하고 저장합니다.

```python
def display(message, is_warning=False):
    if is_warning:
        print('Warning!!')
    print(message)
```

모듈 import 후 사용

위에서 생성한 helpers 모듈을 아래처럼 import 후 사용 가능합니다.

```python
# 모듈을 네임스페이스로 import
import helpers
helpers.display('Not a warning')

# 모든 항목들을 현재의 네임스페이스로 import
from helpers import *
display('Not a warning')

# 특정 항목들을 현재의 네임스페이스로 import
from helpers import display
display('Not a warning')
```

이렇게 모듈로 제작해 만든 함수나 클래스(이후 중급강좌에서 소개 예정)들을 만들고, 어디서나 재사용할 수 있습니다.

(import * 구문은 대부분의 린터에서 에러를 출력하고, 혼자 하는 실험적인 코드가 아니면 잘 사용하지 않습니다. 반드시 사용하는 모듈만 명시해서 import 하는 습관을 들이시는 게 좋습니다.)

패키지(Packages)

배포 패키지(Distribution packages)(https://packaging.python.org/glossary/#term-distribution-package)는 클래스 및 함수와 같은 리소스를 포함하는 외부 저장소의 파일입니다. 생성하는 대부분의 모든 Python 응용 프로그램은 하나 이상의 패키지를 사용합니다. 패키지에서 import는 생성 한 모듈과 동일한 구문을 따릅니다. Python 패키지 인덱스(https://pypi.org/)에는 pip(https://pip.pypa.io/en/stable/)를 사용하여 설치할 수 있는 전체 패키지 목록이 있습니다.

이렇게, 다른 회사나 사람이 생성한 패키지를 가져와 내 코드에서 모듈로 import 하고 사용할 수 있습니다.

책의 내용을 잘 따라오셨다면, 윈도+Conda 환경이나 WSL+Conda를 사용 중일 겁니다. anaconda prompt나 bash shell에서 다음 pip 명령을 수행해 외부 패키지를 가져와 현재 python환경에 설치 가능합니다.

주의, conda environment를 사용 중이면, 현재 conda environment가 activate 되었는지 다시 확인하시고, pip로 패키지를 추가할 때도, activate 된 conda environment에서 설치해야 정상적으로 동작합니다.

```
# bash shell 또는 윈도의 명령프롬프트에서 실행
pip install colorama
```

패키지를 설치하는 또 다른 일반적인 방법은 파일에 설치할 패키지를 적어두고 install 하는 것입니다. requirements.txt을 vscode에서 생성하고 아래 내용을 넣습니다.

```
colorama
```

이어서, 다음 명령을 수행해, 파일 내의 package들을 설치합니다. 실제 프로젝트에서 설치할 파일명이 많을 경우 대부분 사용되며, version까지 명시해 package 버전 충돌 이슈도 이 방법으로 해결합니다.

```
# bash shell 또는 윈도 명령프롬프트에서 실행
pip install -r requirements.txt
```

이제 아래와 같은 colorama 패키지를 사용하는 코드를 실행 가능합니다.

```python
import colorama

colorama.init()
print(colorama.Fore.RED + 'This is red')

from colorama import *

init()
print(Fore.BLUE + 'This is blue')

from colorama import init, Fore
print(Fore.GREEN + 'This is green')
```

이런 식으로 앞으로 코드에서 외부 패키지가 보이면, pip 명령 등으로 설치하고 진행하면 됩니다. 이렇게 편리한 python의 패키지 관리자에도 치명적인 단점이 있습니다. 바로, 패키지와 버전관리 문제입니다.

Virtual environments

기본옵션으로 python을 설치했다면, 패키지 설치 시 패키지들은 전역적으로(globally) 설치됩니다. 여러 패키지가 쌓이면서 패키지 버전관리가 어려워지고, 패키지간 충돌이 일어날 가능성이 높아집니다. 이럴 때, Virtual environments(https://docs.python.org/3.7/tutorial/venv.html)을 사용하면 격리된 디렉토리에 독립적인 환경을 구성하고, 이 독립된 Python환경에 패키지를 설치할 수 있습니다. 이를 통해 Python 패키지들의 버전을 더 잘 관리할 수 있습니다.

지난 챕터 - 1. Python 개발 환경 구성 - 에서 소개해 드린 Conda 환경과 유사하지만, 더 가볍고 일반적으로 중소 규모의 프로젝트에서 사용됩니다. 이후 진행될 머신러닝 강좌나, 좀 더 다양한 기능의 python environment 관리를 위해 conda를 쓰실 것을 권장해 드립니다.

Virtual environments 설치 / 생성

bash shell(또는 윈도 명령프롬프트)에서 다음 명령을 수행해 설치합니다.

```
pip install virtualenv
```

리눅스/macOS일 경우 아래 명령을 사용해 독립된 Python 환경 디렉토리를 생성합니다.

```
virtualenv <디렉토리이름>
```

윈도일경우 아래 명령을 수행해 독립된 Python 환경 디렉토리를 생성합니다.

```
python -m venv <폴더이름>
```

virtualenv 사용

리눅스(bash shell) 또는 macOS일 경우, 아래 명령을 실행해 사용합니다.

```
# 해당 폴더로 이동해 activate 실행
cd <디렉토리이름>/bin
source activate
```

윈도일 경우 아래 명령을 수행합니다.

```
<폴더이름>\Scripts\Activate.bat
```

위의 방법으로 virtualenv를 activate 시킨 후, 똑같이 pip 설치 명령을 이용가능하며, 설치된
패키지는 이 virtualenv 안에서만 독립적으로 사용됩니다. (참고로, pip 등으로 설치된 패키지는
<venv디렉토리>/lib/python3.X/site-packages에 위치합니다.)

16. 외부 웹서비스 API 호출

TL;DR

웹서비스 API 호출을 소개하며, HTTP GET/POST 방식에
대한 설명과 코드를 살펴봅니다. API 호출시 리턴되는 JSON
구조를 리뷰하고 코드로 처리하는 방법에 대해 예제
확인합니다.

https://www.sqler.com/board_CSharp/1095782

웹서비스란 무엇인가요?

다른 웹서버나 웹서비스에서 호스팅 되는 애플리케이션을 Python으로 호출할 수 있습니다.

수많은 웹서비스가 존재하고, Python에서 손쉽게 이 서비스들을 가져다 사용할 수 있습니다.

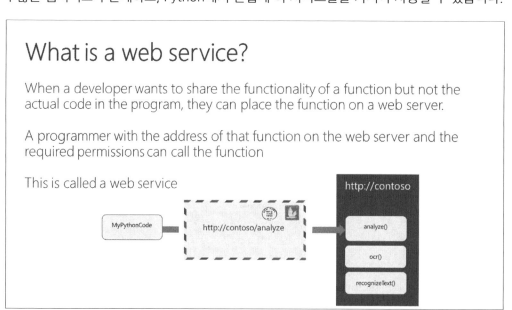

이번 강좌에서는 진형적인 웹서비스인, IPAPI(https://ipapi.co/)의 웹서비스와 httpbin(https://httpbin.org/)을 호출해 보도록 하겠습니다. 늘 이야기하지만, 다른 서비스의 호출방식도 비슷합니다. 이 예제를 마치고 나면, 다른 웹서비스도 관련 문서를 통해 호출할 수 있을 것입니다.

그렇다면, 웹서비스의 API란 무엇인가?

What is an API

You can't call a function unless you know the function name and the required parameters

When you create a web service you create an Application Programming Interface (API)

The API defines the function names and parameters so others know how to call your function.

analyze(visualfeatures, details, language)

대부분의 웹서비스에서는 코드로 호출할 수 있는 여러 API가 제공됩니다. 우리가 사용할 IPAPI의 웹서비스와 httpbin에도 앱과 웹사이트에 여러 기능이나 데이터를 추가하기 위해, 코드로 호출할 수 있는 여러 API가 제공됩니다.

우리는 이 강좌에서, 코드 예제를 통해 IPAPI의 웹서비스에서 제공하는 IP 정보 조회 기능과 http request를 그대로 response 하여 개발/테스트 시 유용한 httpbin을 호출할 것입니다.

API를 호출하기 위한 준비사항

IPAPI의 경우 테스트나 개발 목적에서 사용할 경우 호출 조건이 까다롭지 않습니다. 하루 동안 1천 건까지 호출은 무료이며, 대부분의 서비스 제공자가 다른 가격 정책을 가지고 있습니다. 일반적으로 아래 정보가 필요합니다.

- API 키가 있어야 API 호출이 가능
- 서비스의 address(주소) 또는 endpoint(끝점)
- API 문서에서 제공하는 호출 할 메서드의 함수 이름
- API 문서에서 제공하는 함수의 파라미터 정보
- API 문서에서 제공하는 나열된 HTTP 헤더 정보

이런 정보들이 필요합니다. 차근차근 강좌에서 준비하니 걱정 안 하셔도 됩니다.

API 키는 무엇인가요?

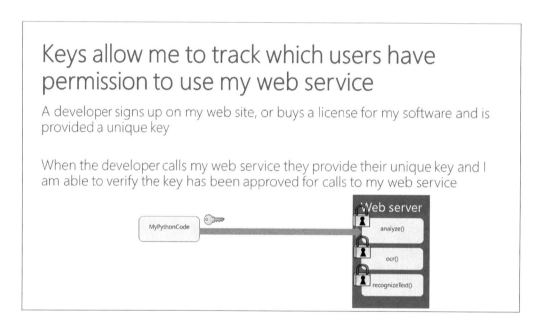

이 API키는 해당 웹서비스에서 발급한 인증키이고, 고유한 값입니다.

IPAPI처럼 테스트 목적으로 몇 건 요청할 경우는 그냥도 사용한 경우가 있지만, 대부분의 경우 이렇게 웹서비스 API를 이용하기 위해서는 서비스 제공자가 발급한 키를 보통 발급받은 후에 접근 가능합니다.

API를 호출하기 위한 HTTP 호출 "방식"

우리의 코드는 python의 "requests" 패키지를 이용해 IPAPI의 경우 HTTP "GET" 방식으로,
httpbin의 경우 HTTP "POST 방식"으로 API를 호출합니다. GET 방식과 POST 방식에 대해서는
아래 내용을 참조하세요.

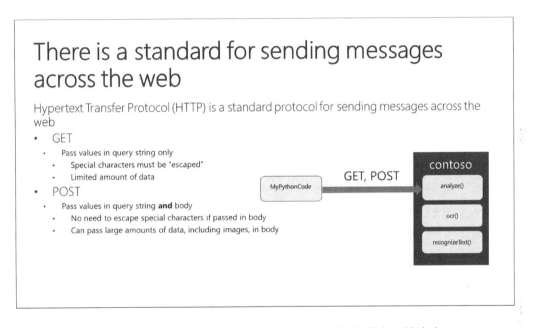

✅ 챗GPT 활용: HTTP GET 방식과 POST 방식, 다른 Verb에 대해서도 알려줘

Python의 requests 패키지 라이브러리

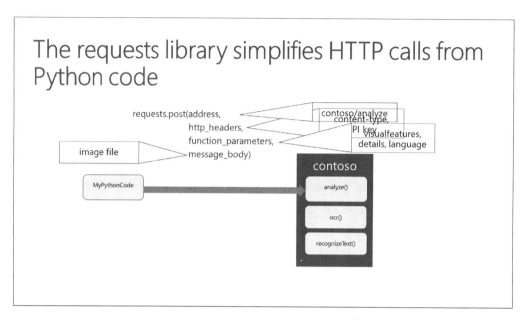

복잡하게 고민할 필요 없습니다. 우리가 오늘 사용할 requests 패키지를 이용하면, 손쉬운 HTTP 요청과 응답 처리가 가능합니다.

Web API 호출을 위해 requests 패키지 설치

지난 챕터에서 배운 대로 pip 명령을 이용해 패키지를 python 환경에 설치합니다.


```
# WSL이나 리눅스일 경우 bash shell에서, 윈도일 경우 명령프롬프트에서
실행합니다.
pip install requests
```


주의, conda environment를 사용 중이면, 현재 conda environment가 activate 되었는지 다시 확인하시고, pip로 패키지를 추가할 때도, activate 된 conda environment에서 설치해야 정상적으로 동작합니다.

IPAPI 서비스 요청과 응답 확인

IPAPI를 테스트하기 위해 브라우저에서 https://ipapi.co/json 접근합니다. 그러면, JSON 포맷으로 IP 정보가 보입니다.

```json
{
    "ip": "1.237.200.221",
    "network": "1.237.200.0/22",
    "version": "IPv4",
    "city": "Seongnam-si",
    "region": "Gyeonggi-do",
    "region_code": "41",
    "country": "KR",
    "country_name": "South Korea",
    "country_code": "KR",
    "country_code_iso3": "KOR",
    "country_capital": "Seoul",
    "country_tld": ".kr",
    "continent_code": "AS",
    "in_eu": false,
    "postal": "135",
    "latitude": 37.4331,
    "longitude": 127.1377,
    "timezone": "Asia/Seoul",
    "utc_offset": "+0900",
    "country_calling_code": "+82",
    "currency": "KRW",
    "currency_name": "Won",
    "languages": "ko-KR,en",
    "country_area": 98480.0,
    "country_population": 51635256,
    "asn": "AS9318",
    "org": "SK Broadband Co Ltd"
}
```

이렇게 브라우저 주소창에서 요청하는 방식이 HTTP GET 방식과 같으며 아래 코드로 요청해 프로그래밍적으로 처리가 가능합니다.

```python
# 이 코드에서는 Python으로 손쉽게 IPAPI를 호출합니다.
# requests 라이브러리를 사용하여 Python에서 간단하게 REST API 호출을
진행합니다.
import requests

# 웹 서비스의 응답(Response)을 처리하려면 json 라이브러리가 필요합니다.
import json

# 호출하려는 API 함수의 이름을 주소에 추가합니다.
service_address = "https://ipapi.co/json"

# HTTP GET 방식으로 함수를 호출합니다.
response = requests.get(service_address)

# HTTP 호출에서 오류가 생기면, 예외를 발생시킵니다.
response.raise_for_status()

# 리턴 받은 JSON 결과를 출력합니다.
results = response.json()
print(json.dumps(results))
```

호출이 완료되면 아래 결과를 보실 수 있습니다.

(sqler_lec) C:\project\c9-python-getting-started\sqler_python_lecture>python 16_api_call.py
{"ip": "20.196.211.249", "network": "20.196.128.0/17", "version": "IPv4", "city": "Seoul", "region": "Seoul", "region_code": "11", "country": "KR", "country_name": "South Korea", "country_code": "KR", "country_code_iso3": "KOR", "country_capital": "Seoul", "country_tld": ".kr", "continent_code": "AS", "in_eu": false, "postal": "04524", "latitude": 37.5794, "longitude": 126.9754, "timezone": "Asia/Seoul", "utc_offset": "+0900", "country_calling_code": "+82", "currency": "KRW", "currency_name": "Won", "languages": "ko-KR,en", "country_area": 98480.0, "country_population": 51635256, "asn": "AS8075", "org": "MICROSOFT-CORP-MSN-AS-BLOCK"}

이렇게 호출하여 얻은 API 결과를 Python에서 원하는 형태로 출력하거나 변환해 이용할 수 있습니다.

출력된 JSON 결과를 정돈된 형태로 보려면, pprint로 출력하거나 Online JSON Viewer (stack.hu)(http://jsonviewer.stack.hu/)과 같은 JSON linting 서비스에 결과를 붙여 넣고 "Format"을 누르거나 viewer 탭에서 더 prettify 된 결과를 확인 가능합니다.

(옵션) HTTP POST "httpbin" 요청 테스트

이 POST request는 옵션이기 때문에 원하시는 분만 진행하시면 됩니다.

httpbin API 호출 코드를 실행합니다

httpbin은 HTTP request 내용을 그대로 response로 리턴해 HTTP 요청 테스트 시 유용합니다. 아래와 같이 call_api.py 코드를 실행합니다.

```python
# requests 라이브러리를 사용하여 Python에서 간단하게 REST API 호출을
진행합니다.
import requests

# 웹 서비스의 응답(Response)을 처리하려면 json 라이브러리가 필요합니다.
import json

# Lint 된 출력 표시
import pprint

# 호출하려는 API 함수의 이름을 주소에 추가합니다.
# 개발/테스트 목적으로 사용되는 httpbin.org 서비스를 이용합니다.
# HTTP request 내용을 그대로 response로 리턴해 HTTP 요청 테스트 시
유용합니다.
address = "https://httpbin.org/post"

# HTTP POST 요청에 추가할 파라미터입니다.
parameters  = {'sqler_test_key':'key',
               'language':'ko'}
```

```
# HTTP POST에 요청할 헤더 정보입니다.
headers    = {'accept':'application/json'}

# HTTP POST 방식으로 함수를 호출합니다.
response = requests.post(address, headers=headers, params=parameters)

# HTTP 호출에서 오류가 생기면, 예외를 발생시킵니다.
response.raise_for_status()

# 리턴 받은 JSON 결과를 출력합니다.
results = response.json()
pprint.pprint(results)
```

HTTP POST 요청을 실행하면 이런 결과가 출력되는 것을 보실 수 있습니다.

```
python call_api.py

===실행결과===
{'args': {'language': 'ko', 'sqler_test_key': 'key'},
 'data': '',
 'files': {},
 'form': {},
 'headers': {'Accept': 'application/json',
             'Accept-Encoding': 'gzip, deflate',
             'Content-Length': '0',
             'Host': 'httpbin.org',
             'User-Agent': 'python-requests/2.31.0',
             'X-Amzn-Trace-Id':
'Root=1-648d8056-7893235704bbc12c121d954c'},
 'json': None,
 'origin': '20.196.211.249',
 'url': 'https://httpbin.org/post?sqler_test_key=key&language=ko'}
```

HTTP request에 사용한 파라미터 정보 등이 response에 리턴됩니다.

출력된 결과인 JSON 포맷에 대한 다양한 처리는 다음 강좌에서 결과와 함께 상세히 소개해
드리겠습니다.

17. JSON 데이터 처리

TL;DR

JSON의 구조에 대해 깊이있게 살펴보고, Python json
모듈로 JSON 데이터에 접근해 필요한 정보를 추출하는
방법을 코드로 확인합니다. 또한 Python dictionary
데이터형을 JSON으로 변환하는 방안도 리뷰합니다.
https://www.sqler.com/board_CSharp/1095806

지난 챕터 - *16. 외부 웹서비스 API 호출* - 강좌를 통해 웹 서비스에서 API를 호출해 결과를
출력하는 과정을 진행했습니다. 이번 강좌에서는 출력된 결과인 JSON 결과를 살펴보면서
JSON에 대해서 알아보는 시간을 가지도록 하겠습니다.

JSON이란 무엇이고 어떻게 사용되나요?

JSON은 표준 데이터 형식으로 수많은 서비스 간 데이터를 주고받을 때 사용되는 형식입니다.
많은 웹서비스의 API가 JSON(https://json.org/), JavaScript Object Notation으로 데이터를
리턴합니다. JSON은 사람이 읽을 수 있고 코드로 구문을 분석하거나 생성할 수 있는 표준
형식입니다.

Many web services return data as JSON

JSON is a standard data format that can be intimidating at first glance

results

{"color": {"dominantColorForeground": "White", "dominantColorBackground": "White", "dominantColors": ["White"], "accentColor": "595144", "isBwImg": false}, "description": {"tags": ["bear", "polar", "animal", "mammal", "outdoor", "water", "white", "large", "walking", "snow", "standing"], "captions": [{"text": "a large white polar bear walking in the water", "confidence": 0.7419737378283093}]}, "requestId": "33290a37-ad67-42af-b647-c5a236ecd202", "metadata": {"width": 220, "height": 221, "format": "Jpeg"}}

샘플 JSON 결과

```
{
  "color": {
    "dominantColorForeground": "White",
    "dominantColorBackground": "White",
    "dominantColors": [
      "White"
    ],
    "accentColor": "595144",
    "isBwImg": false,
    "isBWImg": false
  },
  "description": {
    "tags": [
      "bear",
      "polar",
      "animal",
      "mammal",
      "water",
      "outdoor",
      "large",
```

```
      "walking",
      "snow",
      "standing"
    ],
    "captions": [
      {
        "text": "a polar bear in the water",
        "confidence": 0.7933424407633173
      }
    ]
  },
  "requestId": "0231629e-6ae6-48e9-93c5-5bd6fe0fcf31",
  "metadata": {
    "height": 221,
    "width": 220,
    "format": "Jpeg"
  }
}
```

샘플로 출력한 결과입니다.

이렇게 보통 JSON 결과는 길게 나열되어 사람이 알아보기 불편합니다. 여러 JSON linting
도구를 이용해 읽기 쉽게 포맷팅 할 수 있습니다. 다음 웹 사이트에서 여러 JSON Linter들을 볼
수 있습니다.

- JSONLint
- Online JSON Viewer (stack.hu)
- ConvertJson.com
- JSON schema linter

또는 pprint를 이용해 처리할 수도 있습니다.

```python
import json
import pprint

response_data = '{"color": {"dominantColorForeground": "White",
"dominantColorBackground": "White", "dominantColors": ["White"],
"accentColor": "595144", "isBwImg": false, "isBWImg": false},
"description": {"tags": ["bear", "polar", "animal", "mammal", "water",
```

```
"outdoor", "large", "walking", "snow", "standing"], "captions":
[{"text": "a polar bear in the water", "confidence":
0.7933424407633173}]}, "requestId":
"0231629e-6ae6-48e9-93c5-5bd6fe0fcf31", "metadata": {"height": 221,
"width": 220, "format": "Jpeg"}}'
results = json.loads(response_data)

# 보기 어렵게 출력됩니다.
print(results)

# 포맷되어 출력됩니다.
pprint.pprint(results)
```

JSON linting 결과

이런 linter 서비스를 이용하면, 이런 형태로 잘 정돈되어 출력됩니다.

```
{
  "color": {
    "dominantColorForeground": "White",
     "dominantColorBackground": "White",
     "dominantColors": [
      "White"
    ],
     "accentColor": "595144",
     "isBwImg": false,
     "isBWImg": false
  },
   "description": {
    "tags": [
       "bear",
        "polar",
        "animal",
        "mammal",
        "water",
        "outdoor",
        "large",
        "walking",
        "snow",
        "standing"
```

```
    ],
    "captions": [
     {
       "text": "a polar bear in the water",
        "confidence": 0.7933424407633173
     }
    ]
  },
   "requestId": "0231629e-6ae6-48e9-93c5-5bd6fe0fcf31",
   "metadata": {
    "height": 221,
     "width": 220,
     "format": "Jpeg"
  }
}
```

이렇게, 결과를 좀 더 수월하게 확인 가능합니다.

JSON의 구조

JSON은 두 가지 구조로 구축됩니다.

- key/value pair의 컬렉션(collection)
- 값(value)들의 list

JSON contains key pairs

"key":"value"

"requestId": "33290a37-ad67-42af-b647-c5a236ecd202",

{"key":{"subkey0":"subvalue0","subkey1":"subvalue1", ...}

"color":
        {"dominantColorForeground": "White",
        "dominantColorBackground": "White",
        "dominantColors": ["White"],
        "accentColor": "595144",
        "isBWImg": false},

{"key":[listvalue0, listvalue1, listvalue2, ...]}

{"tags": ["bear", "polar", "animal", "mammal", "outdoor", "water", "white", "large", "walking", "snow", "standing"]

Python에는 JSON을 인코딩하고 디코딩하는 데 도움이 되는 json(https://docs.python.org/2/library/json.html) 모듈이 포함되어 있습니다. 이 모듈을 이용해 JSON 결과를 파싱해 원하는 형태로 출력 가능합니다.

JSON 결과 처리 - 전체 예제

아래 코드를 실행해 결과를 보시면서, 함께 이후 강좌를 살펴보시면 더 이해가 쉬우실 겁니다.

```python
import json

response_data = '{"color": {"dominantColorForeground": "White",
"dominantColorBackground": "White", "dominantColors": ["White"],
"accentColor": "595144", "isBwImg": false, "isBWImg": false},
"description": {"tags": ["bear", "polar", "animal", "mammal", "water",
"outdoor", "large", "walking", "snow", "standing"], "captions":
[{"text": "a polar bear in the water", "confidence":
0.7933424407633173}]}, "requestId":
"0231629e-6ae6-48e9-93c5-5bd6fe0fcf31", "metadata": {"height": 221,
"width": 220, "format": "Jpeg"}}'
results = json.loads(response_data)

print('requestId')
```

```
print(results['requestId'])

print('dominantColorBackground')
print(results['color']['dominantColorBackground'])

print('first_tag')
print(results['description']['tags'][0])

for item in results['description']['tags']:
    print(item)

print('caption text')
print(results['description']['captions'][0]['text'])
```

JSON 결과에서 Key 이름으로 Value값을 추출

"key":"value" 형태로 구성된 결과에서 key 이름으로 value 값을 추출하려면, python에서
이렇게 실행합니다.

```
... # API requests 코드
# print the value for requestId from the JSON output
# JSON 결과에서 requestId 값을 출력합니다.
print()
print('requestId')
print (results['requestId'])
```

To retrieve the value from a "key":"value" request the key name

results

"requestId": "33290a37-ad67-42af-b647-c5a236ecd202",

print (results['requestId'])

33290a37-ad67-42af-b647-c5a236ecd202

Python으로 JSON nested key에서 subkey 추출

두 개 이상의 key가 중첩되어 있을 경우에는, 이렇게 key 이름을 추가 지정하면서 탐색해 subkey value를 가져옵니다.

```
... # API requests 코드
# color 키에서 dominantColorBackground 값을 출력합니다.
print()
print('dominantColorBackground')
print(results['color']['dominantColorBackground'])
```

113

To request a value from a
{"key":{"subkey0":"subvalue0",
         "subkey1":"subvalue1",...}
specify the key name and the subkey name

results

"color":
        {"dominantColorForeground": "White",
         "dominantColorBackground": "White",
         "dominantColors": ["White"],
         "accentColor": "595144",
         "isBwImg": false,
         "isBWImg": false},

```
print(results['color']['dominantColorBackground'])
```
```
White
```

Python에서 나열되어 있는 JSON value 값 가져오기

나열되어 있는 JSON value들을 가져오려면, key 이름과 index 번호를 이용해 값을 가져옵니다.

```python
... # API requests 코드
# description의 첫 번째 태그를 인쇄합니다.
print()
print('first_tag')
print(results['description']['tags'][0])
```

114

```
results

"description":
  {"tags":
      ["bear", "polar", "animal", "mammal", "outdoor", "water", "white", "large", "walking", "snow", "standing"],
  "captions":
      [{"text": "a large white polar bear walking in the water", "confidence": 0.7419737378283093}]
  },
```

```
print(results['description']['tags'][0])
bear
```

이렇게 description/tags의 0번째 index값이 bear를 가져옵니다.

Python에서 나열되어 있는 모든 value 값 가져오기

또한 많이 사용되는 패턴으로, 나열되어 있는 JSON 키의 모든 value값을 가져오려면, 이렇게 loop를 이용합니다.

```
... # API requests 코드
# description에 있는 모든 태그를 인쇄합니다.
print()
print('all tags')
for item in results['description']['tags']:
    print(item)
```

Use a loop to retrieve all values from a {"key":[listvalue0, listvalue1, listvalue2, ...]}

```
results
"description":
    {"tags":
        ["bear", "polar", "animal", "mammal", "outdoor", "water", "white", "large", "walking", "snow"],
    "captions":
    [{"text": "a large white polar bear walking in the water", "confidence": 0.7419737378283093}]
    },

for item in results['description']['tags']:
    print(item)
```

```
bear
polar
animal
mammal
outdoor
water
white
large
walking
snow
```

Python dictionary와 JSON

지난 컬렉션(Collection) 챕터에서 소개해 드린 것처럼, Dictionary 데이터형과 JSON 형식은 유사합니다.

Python dictionary 데이터형으로 JSON 개체 생성

JSON 개체를 손쉽게 dictionary 데이터형에서 생성할 수 있습니다.

```python
import json

# Dictionary 객체 생성
person_dict = {'first': 'Christopher', 'last':'Harrison'}
# 필요에 따라 dictionary에 key/value pair를 추가합니다.
person_dict['City']='Seattle'

# Dictionary를 JSON 객체로 변환
person_json = json.dumps(person_dict)
```

```python
# JSON 객체 출력
print(person_json)
```

JSON subkey 구조 형식 생성

Python의 중첩된 Dictionary 데이터형을 이용해 JSON subkey 구조를 생성할 수 있습니다.

```python
import json

# Dictionary 객체 생성
person_dict = {'first': 'Christopher', 'last':'Harrison'}
# 필요에 따라 dictionary에 key/value pair를 추가
person_dict['City']='Seattle'

# staff dictionary 생성
staff_dict ={}
# person_dict를 "Program Manager"로 값 설정
staff_dict['Program Manager']=person_dict
# Dictionary를 JSON 객체로 변환
staff_json = json.dumps(staff_dict)

# JSON 객체 출력
print(staff_json)
```

Python List 데이터를 JSON에 추가

Python list 데이터형을 dictionary에 추가하고, 이어서 dictionary를 JSON 형식으로 변환할 수 있습니다.

```python
import json

# Dictionary 객체 생성
person_dict = {'first': 'Christopher', 'last':'Harrison'}
# 필요에 따라 dictionary에 key/value pair를 추가
person_dict['City']='Seattle'

# List 객체를 생성
```

```
languages_list = ['CSharp','Python','JavaScript']

# List 객체를 dictionary에 Languages를 key로 추가
person_dict['languages']= languages_list

# Dictionary를 JSON 객체로 변환
person_json = json.dumps(person_dict)

# JSON 객체 출력
print(person_json)
```

이외에도 수많은 JSON 관련 함수와 변환을 프로젝트에서 하시게 될 거에요.

Dictionary와 JSON의 변환은 정말 많이, 자주 쓰이니 잘 정리해 두시면 유용하실 겁니다.

18. 데코레이터(Decorators)

TL;DR

데코레이터(Decorators)는 Python 코드에 의미나
기능을 추가하는 속성(attribute)과 유사합니다.
데코레이터는 Python 함수에 확장 기능을 제공하고,
Flask의 라우팅과 같은 웹 어플리케이션 개발에서도
사용됩니다.

https://www.sqler.com/board_CSharp/1095831

데코레이터(Decorators)(https://www.python.org/dev/peps/pep-0318/)는 Python의 코드
블록에 의미나 기능을 추가한다는 점에서 속성(attribute)과 유사합니다.
Flask(http://flask.pocoo.org/) 또는 Django(https://www.djangoproject.com/)와 같은
프레임 워크에서 자주 사용됩니다. Python 개발자로서 대부분의 경우, Decorator를
만들기보다는 주로 사용하게 될 것입니다.

이 Python 초급 강좌의 목적은, 강좌를 통해 Python에 익숙해지고, 다른 코드들을 쉽게 읽고
변경하는 기본을 쌓기 위함입니다. 특히, Django나 Flask와 같은 Python의 인기 있는 웹
애플리케이션 제작 프레임워크 역시 마찬가지입니다. 이 강좌에서는 코드에서 사용되는
데코레이터를 파악하고, 이를 잘 사용하는 방안에 대해서 소개합니다.

일반적인 데코레이터 구조

```
# Decorators 예시
@log(True)
def sample_function():
    print('this is a sample function')
```

데코레이터는 이런 형태로 사용됩니다.

Flask의 데코레이터 패턴

Flask와 같은 웹 애플리케이션 프레임워크에서는 이런 형태로 사용됩니다.

```
@app.route("/profile", methods=["GET", "POST"])
def profile:
    return render_template("profile.html")
```

웹서버의 /profile으로 GET이나 POST 요청이 오면 이 요청을 profile.html 파일에서
처리하도록 라우트 하는 코드입니다. 이런 형태로, 데코레이터는 기존 python의 function에
확장된 기능을 제공합니다.

간단한 데코레이터 생성

```python
import functools
from colorama import init, Fore
init()


def color(color):
    def wrapper(func):
        @functools.wraps(func)
        def runner(*args, **kwargs):
            print(color + 'changing to blue')
            func(*args, **kwargs)
        return runner
    return wrapper

@color(color=Fore.BLUE)
def greeter():
    print('Hello, world!!')
    print('Just saying hi again')


greeter()
```

이렇게 데코레이터를 생성해 사용하는 것도 가능합니다.

120

19. 코드에서 중요한 키(패스워드) 관리 - dotenv

TL;DR

중요한 키 값(패스워드)을 코드에 저장하지 않고
관리해야 합니다. dotenv와 같은 패키지를 사용하여
환경변수를 관리하고, 클라우드 서비스를 이용할 경우
전체 암호화 기술을 활용해야 합니다. 환경변수를
활용하여 중요한 정보를 애플리케이션 외부에서
관리하는 것이 좋으며, python-dotenv 패키지를
사용하여 환경변수를 관리할 수 있습니다.

https://www.sqler.com/board_CSharp/1095839

Python으로 개발하면서 중요한 키 값(패스워드 값)을 관리해야 할 경우가 있습니다.

우리가 전에 살펴본 Cognitive 서비스의 API 키 같은 정보입니다.

- 중요한 키 값(패스워드)을 절대 코드에 저장하지 마십시오
- 키 값(패스워드)이 포함된 어떤 종류의 파일도 git 저장소에 올리거나 공유하지
  마십시오(기록이 남습니다)
- dotenv와 같은 패키지를 이용해 관리하십시오.
- 클라우드 서비스를 이용할 경우, 전체 암호화 기술을 이용하세요.(예를 들어, Azure
  KeyVault)

모든 종류의 민감한 정보를 다루는 데이터를 처리할 경우에는 극도로 주의해야 합니다.

이런 중요한 키 값들은 애플리케이션 외부에서 관리하는 것이 좋습니다.

환경변수 활용

이런 경우 환경변수(environment variable)를 활용할 것을 권장해 드립니다.

환경 변수는 시스템에서 제공하는 환경변수와 자신이 직접 선언하고 사용 가능한 환경변수가 있습니다. 이런 정보를 환경변수로 만들고 애플리케이션에서는 가져가다 쓰는 형태로만 이용해야 합니다.

python-dotenv 설치

python-dotenv는 이러한 환경변수를 관리할 수 있는 훌륭한 python 패키지입니다. 다음과 같이, pip 명령을 이용해 설치합니다.

```
pip install python-dotenv
```

환경변수를 관리할 파일 생성

예를 들어, 디렉토리에 ".env" 파일을 생성하고 다음 내용을 넣습니다.

```
# .env 파일을 만들고 이 파일에 추가합니다.
DATABASE=DB_SERVER_CONNECTION_STRING
```

Python 코드에서 다음을 실행합니다.

```
import os
from dotenv import load_dotenv

load_dotenv()
database = os.getenv('DATABASE')
print(database)
```

이렇게, 개발자 로컬 머신의 .env 파일에 정보를 처리할 수 있습니다.

중요한 부분으로, .env 파일은 git등에 의해 public github 저장소 등에 절대 올라가면 안 됩니다.

.gitignore 파일에 .env 파일을 추가해 ignore 되도록(git과 같은 SCM에 올라가지 않도록) 구성해야 합니다.

☑️ 챗GPT 활용: git의 gitignore에 대해서 알려줘

☑️ 챗GPT 활용: git에 대해서 알려줘

서버 측에서 배포/실행될 경우, 서버에는 .env가 없습니다.

자신의 개발 환경과 서버의 배포/실행 환경은 다릅니다. 서버에서는 구성관리나 서버측 환경변수 처리 루틴을 만들고 이곳에서 이런 중요 정보를 관리하거나, DevOps 등에 의해, 배포 단계에서 자동으로 환경변수를 물고 배포되도록 구성할 수 있습니다.

대부분의 클라우드 서비스 벤더는 이런 환경변수 기능을 관리 기능에서 제공합니다.

python dotenv 같은 패키지를 이용해 중요한 키값을 관리하고, 이런 민감한 정보를 절대 코드에 넣어서 공유하지 마십시오.

중급 강좌 - 1. Python 스타일 가이드: 서식(Formatting)과 린팅(Linting)

TL;DR

Python 스타일 가이드와 린팅에 대해 다룹니다. 코드 서식과 일관성, PEP8 규칙, docstring 활용, 타입 힌트를 살펴보고, flake8을 사용한 린팅과 autopep8 - 자동 린팅에 대해 리뷰합니다. 린팅을 활용하면 코드 가독성과 팀원간 협업을 증대시키며, 코드 품질을 높일 수 있습니다.

https://www.sqler.com/board_CSharp/1095920

중급 강좌를 시작합니다. 이 중급 강좌는 먼저 위의 강좌 목록을 참고해 초급강좌를 마무리하시고 보시는 것도 한 방법입니다. 하지만, 이 중급강좌는 연속성보다는 주제 단위로 진행됩니다. 관심 있는 강좌만 따로 보는 것도 아무 문제없습니다. 그럼, 첫 강좌, Python 스타일 가이드: 서식(Formatting)과 린팅(Linting) 시작합니다.

서식(Formatting)이란 무엇이고 왜 중요한가?

아래의 코드들은 모두 "적합한(valid)" Python 코드입니다. 하지만 좋지 않은 코드 패턴입니다.

```python
x =  12
if x== 24:
 print('Is valid')
else:
    print("Not valid")

def helper(name='sample'):
```

```
    pass

def another( name = 'sample' ):
        pass
```

일관성 없는 공백 사용이나 빈 줄 사용, 부적절한 인덴트(들여 쓰기), 따옴표 처리 등의 여러 이슈가 보입니다.

가장 큰 문제는 이런 코딩 패턴이 코드를 읽기 어렵게 만들고, 협업하는 동료 개발자나 다른 개발자에게 어려움을 주는 것이 이슈입니다. 이런 여러 이유로 코드 포맷팅(formatting)이 중요해집니다.

포맷팅이 중요한 이유

- 코드를 읽기 쉽게 만든다.
- 디버깅이 쉬워진다.
- 일관적인 코드는 모두에게 혜택을 준다.

Python 코드 서식 제안 - PEP8

Python은 이러한 코드 포맷팅을 위해 PEP8 규격을 제안하고 있습니다.

PEP 8 -- Style Guide for Python Code | Python.org(https://www.python.org/dev/peps/pep-0008/)

내용이 딱딱한 제안문서라 보기 어려운데요, 권장하는 코드 스타일 가이드 내용 링크로 아래의 "The Hitchhiker's Guide to Python" 번역 내용을 강력 권장해 드립니다.

코드 스타일 — The Hitchhiker's Guide to Python (python-guide-kr.readthedocs.io)(https://python-guide-kr.readthedocs.io/ko/latest/writing/style.html)

특히, 변수명, 함수명, 클래스명, 오브젝트명 naming 부분을 주의 깊게 살펴보고 naming convention을 잘 활용하시길 권장해 드립니다.

docstring을 이용해 함수와 같은 코드에 주석을 추가

함수와 같은 코드상에서 정보를 제공해야 할 경우 등, 주석이 한 줄 이상이면 이렇게 일반적으로 docstring을 이용 가능합니다.

PEP 257 -- Docstring Conventions | Python.org(https://www.python.org/dev/peps/pep-0257/)

```python
def print_hello(name: str) -> str:
    """
    이름으로 사용자 환영

    parameter:
        name (str): 사용자의 이름
     return:
        str: 환영 메시지
    """
    print('Hello, ' + name)
```

✅ 챗GPT 활용: python docstring에 대해서 알려줘

✅ 챗GPT 활용: python 코드가독성에 대해서 알려줘

Type 힌트

type 힌트(hint)를 이용해 vscode와 같은 개발도구나 linter에게 입력값을 선언해 체크토록 한다.

```python
def get_greeting(name: str) -> str:
    return 'Hello, ' + name
```

위와 같이 type 힌트를 사용해 name 파라미터가 문자열을 받는 것을 선언할 수 있다. 예를 들어, vscode의 경우 이 함수를 호출하는 인자값을 체크해 문자열이 아닐 경우 자동으로 lint 오류를 출력한다.

권장하는 Linting 도구 - flake8

pylint를 권장하기도 하지만, 최근 많이 사용되는 linting 도구로 "flake8"(https://pypi.org/project/flake8/) 을 추천해 드립니다. 빠르게 성장하고 있으며, 다양한 자동화 기능과 리포팅 기능으로, 여러 CI 서비스와 연계성도 뛰어나고, 리포트를 XML 등으로 출력해 CI 서비스에서 결과 확인도 가능합니다.

☑️ 챗GPT 활용: python 린팅 도구들을 알려줘

실행 방법은 다음처럼 진행 가능합니다.

```
# anaconda prompt나 bash shell에서 실행
pip install flake8

# 실행명령 - linting 할 디렉토리에서
flake8 .
```

code의 한 라인이 너무 길 경우 발생하는 E501오류는 프로젝트 시작 시 팀원 간 협의에 따라 skip 할 수 있습니다. 이 설정을 위해 repo의 최상위 디렉토리에 ".flake8" 파일을 생성하고 아래처럼 입력합니다.

```
[flake8]
ignore = E222
```

그러면, E222 오류가 skip 되고 linting에서 출력하지 않습니다.

flake8으로 XML report를 출력할 경우 다음과 같은 명령을 쓸 수 있습니다.

```
# flake8_formatter_junit_xml 추가 설치
pip install flake8_formatter_junit_xml

# report를 출력할 경우 실행명령 - 주로 CI/CD pipeline에서 설정해 사용합니다.
flake8 --output-file=lint-testresults.xml --format junit-xml
```

예를 들어, Azure DevOps에서 이런 식으로 pipeline에서 flake8을 설정할 수 있습니다.

Customize Python for Azure
Pipelines(https://learn.microsoft.com/en-us/azure/devops/pipelines/ecosystems/customize-python?view=azure-devops)

자동 Lint 코드 변환툴, autopep8 - 하지만, 만능은 아니다.

autopep8을 이용하면, 코드를 자동으로 변환한다. - autopep8 ·
PyPI(https://pypi.org/project/autopep8/)

검토 목적으로 하는 것을 권장하고, 머신러닝, 특히 deep learning 코드를 autopep8이
부적절한 패턴으로 인지하고 변경하는 경우도 있으니 머신러닝 코드에서는 더욱 주의해서
사용하세요. 주로 linting 되지 않은 다량의 외부 코드를 프로젝트에 추가할 때 사용. 다음처럼
설치하고 실행할 수 있습니다.

```
# autopep8 설치
pip install autopep8

# autopep8 실행 - with aggressive level 2단계
autopep8 --in-place --aggressive --aggressive <filename>
```


모든 것은 사람의 문제 - Linting을 CI/CI 자동화 루틴에 넣으세요.

Linting을 적용하기 어려운 이유는 사람에 대한 것이기 때문입니다. 옆의 동료 개발자가 제대로
Linting을 하지 않았을 때 가이드하는 것이 "지적질"로 보일 수도 있기 때문이죠.(개발 문화
이야기는 나중에...)

가장 좋은 방법은 모든 개발자가 개발도구(vscode) 등에서 자동 linting 설정을 켜서 항상 체크하는 것이고, 코드를 commit 하기 전에 항상 flake8 등으로 linting 검사를 하는 것입니다.

프로젝트에서 강제하기 위해서는 프로젝트 repository의 주요 develop branch에 code quality check 정책을 넣어서, code PR이 올라오면, 항상 이러한 policy가 동작하게 구성하는 것이 프로젝트와 팀원 모두를 위한 최선의 방안입니다. (unit test도 함께 이렇게 자동화시켜 실행하는 것이 좋습니다. - 추후 강좌 진행 예정)

vscode 자동 linting 기능 설정

vscode에서 "컨트롤+쉬프트+p"를 누르면 이렇게 인터렉티브 창이 뜨고, "Python: Select Linter"를 선택하고 flake8이나 선호하는 linter를 선택/설치합니다. 이어서 "Python: Enable Linting"을 on으로 설정하면 자동으로 linting을 실행하게 됩니다.

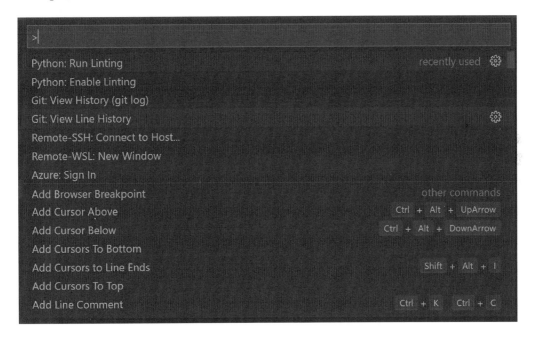

중급 강좌 - 2. 람다(Lamda)

TL;DR

Python의 람다는 작은 이름없는 함수입니다. 람다를 사용해 코드를 더 간결하게 만들 수 있으며, Python의 일반 함수를 람다로 치환할 수 있습니다.

https://www.sqler.com/board_CSharp/1095950

람다는 무엇이고 Python의 어떤 문제를 해결하나요?

람다를 이해하려면, 먼저 함수의 구조를 다시 살펴보시면 더 빠르게 확인할 수 있습니다.

우선 아래의 코드를 살펴보겠습니다. Python에서 정렬(sort)을 하는 코드 예제입니다.

```python
presenters = [
    {'name': 'Susan', 'age': 50},
    {'name': 'Christopher', 'age': 47}
]

# presenter 필드에 대해 sorting(정렬) 방법을 알지 못하기 때문에, 이 코드는
에러를 리턴합니다.
presenters.sort()
print(presenters)
```

이렇게 코드에서는 list의 item들(dict 데이터형)에 대해 정렬을 하지만, 오류가 발생합니다.

무엇보다도, dict에 대해서는 sort()가 동작하지 않기 때문이며, name과 age 중 어디에 대해서 sort를 할지 불명확하기 때문입니다.

함수를 생성해 dict에 대해서 sort 수행

이런 코드를 아래와 같이 함수를 만들어서 처리 가능합니다.

```python
def sorter(item):
    return item['name']

presenters = [
    {'name': 'Susan', 'age': 50},
    {'name': 'Christopher', 'age': 47}
]

presenters.sort(key=sorter)
print(presenters)
```

이런 패턴으로 sorter 함수를 만들어서 sort 할 수 있고, 코드는 잘 동작합니다.

하지만, 아주 단순한 한 줄짜리 함수인데 이걸 함수로 만드는 게 살짝(?) 번잡하다는 느낌이 들기도 합니다. 인자도 하나이고 리턴값도 하나인 단순한 함수인데, def나 return과 같은 추가 코드 등 여러 부가적인 부분이 많이 보입니다.

이럴 경우 람다를 이용해 코드를 더 간결하게 처리 가능합니다.

람다로 변환된 코드

```python
presenters = [
    {'name': 'Susan', 'age': 50},
    {'name': 'Christopher', 'age': 47}
]

# 알파벳 순으로 정렬
presenters.sort(key=lambda item: item['name'])
print('-- alphabetically --')
print(presenters)

# name의 길이로 정렬(짧은 것부터 긴 것까지)
presenters.sort(key=lambda item: len(item['name']))
```

132

```
print('-- length --')
print(presenters)
```

이렇게 깔끔하게, 한 줄의 코드로 함수를 변경할 수 있습니다. 이것이 람다입니다.

자 그럼 다시 원래 이 강좌의 목표로 돌아가 볼까요?

람다(Lambda)

lambda(https://www.w3schools.com/python/python_lambda.asp) 함수는 작은 이름 없는 함수입니다. Argument(인수)는 여러 개를 사용할 수 있지만, 오직 하나의 표현식(expression)만 실행 가능합니다. 이것이 람다입니다. - 코드를 먼저 보셔서 이해하기 더 편하실 거에요.

일반적인 함수를 람다로 변환

그렇다면, 기존의 함수 코드가 람다로 어떻게 치환될까요? 아래의 이미지가 도움 되실 겁니다.

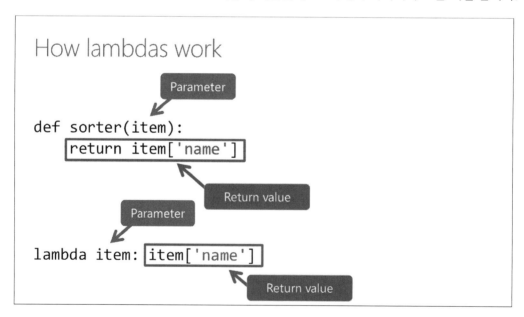

이렇게 기존 함수를 람다로 치환할 수 있습니다.

람다는 코드 패턴을 찾기 위해 검색할 경우 StackOverflow 등의 결과에서 종종 볼 수 있습니다. 처음에는 복잡해 보일 수 있으나, 간결하게 함수를 한 줄의 인라인으로 생성할 수 있어서 자주 사용됩니다.

✅ 챗GPT 활용: python 함수를 람다로 변환하는 예제를 알려줘

✅ 챗GPT 활용: show transforming a complex Python function into a lambda expression

일반 함수를 써도 물론 무방합니다. 하지만, 이 강좌의 목적이 이런 람다와 같은 코드를 읽고 활용하는 것이 차근차근 살펴보시고, 이후 익숙해 주시면 코드에도 적용해 보시길 바랍니다.

중급 강좌 - 3. 클래스(Class)

TL;DR

Python의 클래스는 재사용 가능한 구성요소를 생성하고
데이터와 기능을 모듈화 합니다. 이 챕터에서는 클래스를
사용하는 이유를 소개하고 Python 클래스의 생성자와
메서드를 포함한 클래스의 기본 구조를 예제를 통해
살펴봅니다.

https://www.sqler.com/board_CSharp/1095959

클래스(https://docs.python.org/3/tutorial/classes.html)는 데이터 구조와 동작을
정의합니다. 클래스를 사용하면 데이터와 기능(functionality)을 함께 그룹화할 수 있습니다.

Python은 유연한 언어이고, 많은 기능을 지원하며, 물론 객체지향 프로그래밍(Object Oriented
Programming) 역시 지원합니다.

이 강좌에서는 클래스가 무엇이고 오브젝트가 무엇인지에 대해서는 깊이 다루지 않고,
Python에서 어떻게 클래스를 사용가능한지에 대해 초점을 맞춰 진행합니다.

클래스를 사용하는 이유는

- 재사용 가능한 구성요소 생성
- 데이터와 작업을 그룹으로 사용

으로, 다른 언어와 같습니다.

그럼, 먼저 Python에서 클래스를 사용하는 예제를 살펴보겠습니다.

Python 클래스 예제

```python
class Presenter():
    def __init__(self, name):
        # 생성자(Constructor)
        self.name = name
    def say_hello(self):
        # 메서드(method)
        print('Hello, ' + self.name)

presenter = Presenter('Chris')
presenter.name = 'Christopher'
presenter.say_hello()
```

그냥 봐도 쉬워 보이지요? self라는 키워드는 뭔가 이상해 보입니다. 그럼 상세히 살펴보도록
하겠습니다.

클래스 기본 구조

Python에서 클래스 이름은 PascalCasing으로 첫 대문자로 설정합니다.(snake_case도
권장합니다)

```python
class Presenter():
```

✅ 챗GPT 활용: python PascalCasing에 대해서 알려줘
✅ 챗GPT 활용: python snake_case에 대해서 알려줘

생성자(Constructor)와 같은 클래스 내부용 멤버들은 "__"로 두 개의 언더스코어를 이용해
설정합니다.

```python
sef __init__(self, name):
    # 생성자(Constructor)
    self.name = name
```

클래스의 메서드는 이렇게 첫 파라미터가 "self", 다음 파라미터부터는 사용자 정의 파라미터를 쓸 수 있습니다.

```python
def __init__(self, name):
```

이렇게 Python에서는 self를 이용해 클래스의 속성(property 또는 field) 값을 적용합니다.

```python
self.변수명 = 값
```

위 코드에서 보는, say_hello 메서드처럼, 모든 클래스 메서드는 self를 첫 번째 파라미터로 받아야 합니다.

```python
def say_hello(self):
    # 메서드(method)
    print('Hello, ' + self.name)
```

클래스 개체(Object) 생성은 이렇게 class명과 파라미터를 이용합니다.

```python
presenter = Presenter('Chris')
```

타 언어와 다르게 new 등의 키워드를 사용하지 않습니다.

클래스 메서드를 호출할 때에는, 개체에 메서드를 호출해 사용합니다.

```python
presenter.say_hello()
```

"new"와 같은 키워드 사용하지 않고, self라는 특수 파라미터를 이용하는 것이 조금 특이하지만, 이렇게 Python에서 class를 생성하고 사용할 수 있습니다. 생성하는 구조 부분이 약간 다르지만, 내부 구조도 단순하고 사용하기 쉽다는 것을 알 수 있습니다.

Python의 class accessibility(접근제한자)

- 모두 public이며, private 등은 엄밀히 말하면 없습니다.

- class member 중에 "_"(언더스코어)의 의미는 사용을 권장하지 않는 일반적으로 protected 멤버를 의미하는 제안 규약(convention)입니다.
- "__"(더블 언더스코어)는 "외부에서 사용하지 말 것"을 가이드하는 멤버를 의미하는 일반적으로 private 제안 규약입니다.

위의 첫 예제에서는, "__init__" 생성자와 같은 경우입니다. 이외에도, __iter__ 등 여러 내부용 멤버를 이후 확인 가능합니다.

property 사용

Python에서도 getter/setter와 같은 메서드 형태로, 클래스 인스턴스의 속성값을 쉽게 가져오거나 지정할 수 기능을 제공합니다. 이때, @propery를 이용하면, 쉽게 구현할 수 있습니다.

```
expand source
```

Python의 속성은 property(또는 field) 스타일의 접근을 허용, 하지만 실제로는 위의 코드와 같이 메서드로 작동합니다.

이런 @ 데코레이터는 지난 강좌를 참고하세요. - 개발자 커뮤니티 SQLER.com - Python 초급 강좌 목차 - 18. 데코레이터(Decorators)(https://www.sqler.com/board_CSharp/1095831)

클래스 getter의 경우는

```
x = presenter.name
```

형태로 사용됩니다.

클래스 setter의 경우는

```
presenter.name = 'Christopher'
```

138

이런 형태로 사용됩니다.

그런데, 위의 결과와 같이 두 번 property가 실행된 것을 확인 가능합니다. 분명 한 번만 했는데? 왜 두 번 실행된 건지?

생성자를 보면, 생성자에서도 setter를 호출하고 있습니다. 이 생성자를 통해 한번 더 호출됩니다.

이렇게 Python에서 이렇게 property를 사용하면, 다른 모듈에서 이 클래스를 사용할 때 좀 더 구체적인 제어를 할 수 있도록 설정할 수 있습니다.

클래스와 모듈, 패키지

Python 클래스 강좌, 다른 언어에 비해서 무척 쉽지요?

지난 초급 강좌에서 배운 - *15. 패키지(Package): import, pip* - 내용과 잘 연계해 import 하면, 대규모의 클래스 코드도 조직적으로 잘 모듈화 시켜서 구성할 수 있습니다.

중급 강좌 - 4. 상속(Inheritance)

TL;DR

Python 클래스는 다른 클래스의 모든 메서드와 특성을
상속할 수 있습니다. 자식 클래스가 부모 클래스의
메서드와 속성에 액세스할 수 있는 방법을 설명하고,
인스턴스 및 하위 클래스를 확인하는 방법에 대해
설명합니다.
https://www.sqler.com/board_CSharp/1095979

상속은 다른 클래스의 모든 메서드와 속성을, 상속하는 클래스에서 정의해 사용할 수 있습니다.
부모(parent) 또는 기본(base) 클래스는 상속되는 클래스입니다. 자식(child) 또는
파생(derived) 클래스는 다른 클래스에서 상속하는 클래스입니다.

클래스 상속 코드 예제

먼저, 클래스 상속 예제를 살펴보면서 설명드리겠습니다.

```python
class Person:
    def __init__(self, name):
        self.name = name
    def say_hello(self):
        print('Hello, ' + self.name)

class Student(Person):
    def __init__(self, name, school):
        super().__init__(name)
        self.school = school
    def sing_school_song(self):
```

```
        print('Ode to ' + self.school)
    def __str__(self): # 오버라이딩
        return self.name

student = Student('Christopher', 'UVM')
student.say_hello()
student.sing_school_song()

# 누구신가요?
print(isinstance(student, Student))
print(isinstance(student, Person))
print(issubclass(Student, Person))

print(student)  # 오버라이딩 출력
```

전형적인 예제입니다, 학생(Student)은 사람(Person)으로부터 상속받습니다.

상속받은 Student는 Person의 모든 속성과 메서드를 포함하고 있습니다.

클래스 상속 코드 설명

이렇게 student 인스턴스를 생성합니다.

```
student = Student('Christopher', 'UVM')
```

당연히, Person으로부터 상속받았으니, Person의 모든 속성과 메서드를 가지고 있습니다.

메서드를 실행하면, Person 클래스의 say_hello 메서드가 실행됩니다.

```
student.say_hello()
```


sing_school_song 메서드를 호출하면 Student 클래스에 정의된 메서드를 호출하게 되죠.

```
student.sing_school_song()
```

흥미로운 부분은 부모 클래스의 메서드를 다이렉트로 호출할 수 있는 super() 메서드입니다.

```
class Student(Person):
    def __init__(self, name, school):
        super().__init__(name)
        self.school = school
```

이렇게, Student 클래스 생성자에서 부모 클래스인 Person의 __init__을 호출합니다. 이때 super()를 이용하게 됩니다.

물론 명시적으로 Person.__init__(self)를 호출하는 방법도 가능하나, 기본 부모클래스를 자동 매핑하기 때문에, 부모클래스명이 변경되어도 신경 쓰지 않고 코드를 유지 가능합니다.

클래스의 인스턴스 또는 서브클래스 체크

끝으로, 클래스의 인스턴스인지 체크하는 isinstance() 함수와 자식클래스인지 확인하는 issubclass() 통해 체크 가능합니다.

우리의 코드에서는 이렇게 체크하고 있으며, 모든 결과는 True가 리턴됩니다.

```
# 누구신가요?
print(isinstance(student, Student))
print(isinstance(student, Person))
print(issubclass(Student, Person))
```


오버라이딩(overriding)

예를 들어, 다음과 같이 클래스에 __str__ 메서드가 정의되어 있습니다.

```
class Student(Person):
    def __init__(self, name, school):
        super().__init__(name)
        self.school = school
    def sing_school_song(self):
        print('Ode to ' + self.school)
    def __str__(self):
        return self.name
```

__str__ 메서드는 Python의 기본 메서드로, 인스턴스의 스트링 표현 시 사용됩니다. 보통 인스턴스의 간단 정보가 표시됩니다.

이렇게 오버라이딩을 이용해 __str__ 메서드를 재정의 할 수 있습니다.

☑ 챗GPT 활용: python 클래스 오버라이딩에 대해 설명해 줘

아래처럼, print를 해보면, 위의 클래스 __str__ 정의대로 name이 출력되어 'Christopher'가 리턴됩니다.

```
print(student)
```

이렇게 오버라이딩을 이용해 다양한 클래스의 메서드 등을 재정의 할 수 있습니다.

중급 강좌 - 5. 다중상속(Mixins - multiple inheritance)

TL;DR

Python은 다중상속은여러 클래스에서 상속을 허용하는 기능입니다. 다중상속을 통해 여러 기본 클래스의 기능을 결합할 수 있습니다. 그러나, 다중 상속은 코드를 복잡하고 유지 관리하기 어렵게 만들 수 있으니 신중하게 사용해야 합니다.

https://www.sqler.com/board_CSharp/1095992

지난 시간에는 *Python의 클래스 상속 - 4. 상속(Inheritance)*에 대해서 공부했습니다. Python의 특징으로 여러 클래스로부터 상속(다중상속)을 지원하는데요, 좀 더 자세히 알아보겠습니다.

다중상속(Mixins - multiple inheritance)이란 무엇이고 어디에서 사용되나요?

Python은 여러 클래스로부터 상속을 지원합니다. 정확한 기술 용어는, 다중 상속이지만, 일반적으로 개발자들은 둘 이상의 기본 클래스 조합(mixins)으로 표현합니다. 일반적으로 Django(https://www.djangoproject.com/)와 같은 프레임 워크에서 사용됩니다.

- 다중상속(Multiple Inheritance)(https://docs.python.org/3/tutorial/classes.html#multiple-inheritance)
- super(https://docs.python.org/3/library/functions.html#super)는 상위 클래스의 메서드 및 속성에 대한 접근 권한을 부여하는 데 사용됩니다.

다중상속은 Python의 특징 중 하나입니다. 많은 개발자가 사용하는 Java나 C#과 같은 언어에서는 다중상속을 지원하지 않습니다. 이런 언어들은, 하나의 클래스에서만 상속을 지원합니다. 언어의 디자인 차이에는 여러 이유가 있습니다.(나중에 한번 더 풀어 보도록 하죠)

대표적으로, 다중상속 사용 시, 코드가 복잡해질 수 있기 때문이죠.

한 두 개의 메서드나 속성을 사용하는 클래스가 아니라, 멤버의 개수가 조금만 많아지고 이름이 복잡해지기 시작하면, 이 부모클래스가 어디인지, 어디를 고쳐야 할지 등등 복잡도가 급격히 상승하게 됩니다.

다시 말씀드리지만, 다중상속 사용 시 이러한 코드 유지보수 문제에 대해 주의하셔야 합니다.

그럼, 다중상속 코드를 한번 살펴보겠습니다.

다중상속 사용 시나리오 - 데이터베이스에 연결하고 로깅 작업을 수행

여러 다른 종류의 데이터베이스에 연결하고, 각 연결에 대해 로깅을 수행하는 경우를 생각해 보시죠. 이때 구조적인 유연성을 위해 "연결" 클래스와 "로깅" 클래스를 분리할 수 있고, 각각의 클래스에서 기능을 상속받아 사용하면 유용할 것입니다.

두 개의 클래스를 생합니다. Loggable과 Connection 클래스를 생성하고, 각각 메서드를 추가합니다.

```python
class Loggable:
    def __init__(self):
        self.title = ''
    def log(self):
        print('Log message from ' + self.title)

class Connection:
    def __init__(self):
        self.server = ''
    def connect(self):
        print('Connecting to database on ' + self.server)

class SqlDatabase(Connection, Loggable):
    def __init__(self):
        super().__init__()
        self.title = 'Sql Connection Demo'
        self.server = 'Some_Server'

# 실행하기 위한 함수를 생성
```

```python
def framework(item):
    if isinstance(item, Connection):
        item.connect()
    if isinstance(item, Loggable):
        item.log()

sql_connection = SqlDatabase()
framework(sql_connection)
```

이렇게, SqlDatabase 클래스를 생성하면, 두 개의 클래스 - Connection과 Loggable - 로부터. 상속받은 인스턴스가 생성됩니다.

framework라는 함수에서 이 인스턴스를 넘겨 실행하면, 상속을 받았으니 당연히 isinstance가 True로 리턴되어 if 구문이 실행되고, Connection 클래스의 connect() 메서드가 실행되며 이어서 Loggable 클래스의 log() 메서드가 실행됩니다.

이전 - 중급 강좌 - 3. 클래스(Class) 챕터와 중급 강좌 - 4. 상속(Inheritance) 챕터를 보셨다면, 어렵지 않게 코드를 이해하실 수 있을 거에요.

다중상속 사용 시 주의사항

다중상속은 이렇게 여러 클래스로부터 기능을 상속받아 사용할 수 있는 장점이 있지만, 코드의 복잡도를 증가시키고 유지보수를 어렵게 할 수도 있습니다. 사용 시 충분히 염두에 두시고, 주의해서 사용하세요.

중급 강좌 - 6. 파일시스템(File system) 관리

TL;DR

pathlib 모듈은 일반적인 파일과 디렉토리에 액세스하기
위한 다양한 파일시스템 명령과 클래스를 제공합니다.
현재 작업 디렉토리 확인, 경로 및 파일명 결합, 파일 존재
여부 확인과 같은 일반적인 파일 작업들을 코드 예제를
통해 리뷰합니다.

https://www.sqler.com/board_CSharp/1096022

Python의 pathlib(https://docs.python.org/3/library/pathlib.html)은 파일 시스템의 파일 및
디렉토리에 액세스 하기 위한 여러 명령 및 클래스를 제공합니다.

os.path 도 사용되나, 3.6 버전 이상의 Python에서 pathlib을 사용하실 것을 권장해 드립니다.

Python으로 path 관리 작업

특히, 애플리케이션을 개발하면서, 파일의 full path나 해당 개체가 file인지 directory인지
체크해야 할 경우가 있습니다. 이러한 다양한 작업을 pathlib을 이용해 수행 가능합니다.

```python
# Python 3.6 이상 필요
# 라이브러리 참조
from pathlib import Path

# 현재 작업 디렉토리 체크
cwd = Path.cwd()
print('\nCurrent working directory:\n' + str(cwd))

# 전체 경로명을 경로(path)와 파일명을 join 해 생성 / 출력
```

```
new_file = Path.joinpath(cwd, 'new_file.txt')
print('\nFull path:\n' + str(new_file))

# 파일이 존재하는지 체크
print('\nDoes that file exist? ' + str(new_file.exists()) + '\n')
```

이러한 일반적인 path 작업을 Python에서 진행할 수 있습니다.

Python에서 디렉토리(directory) 작업

```
from pathlib import Path
cwd = Path.cwd()

# 상위 디렉토리 참조
parent = cwd.parent

# 디렉토리인지 체크
print('\nIs this a directory? ' + str(parent.is_dir()))

# 파일인지 체크
print('\nIs this a file? ' + str(parent.is_file()))

# 하위 디렉토리 목록 리스트
print('\n-----directory contents-----')
for child in parent.iterdir():
    if child.is_dir():
        print(child)
```

이렇게 디렉토리 관련 작업을 Python에서 처리 가능합니다.

Python에서 파일작업

```
from pathlib import Path
cwd = Path.cwd()

# 미리 demo.txt 파일을 추가합니다.
demo_file = Path(Path.joinpath(cwd, 'demo.txt'))
```

148

```
# 파일명 가져오기
print('\nfile name: ' + demo_file.name)

# 파일의 확장자 가져오기
print('\nfile suffix: ' + demo_file.suffix)

# 폴더명 가져오기
print('\nfile folder: ' + demo_file.parent.name)

# 크기 가져오기
print('\nfile size: ' + str(demo_file.stat().st_size) + '\n')
```

이렇게 파일 관련 작업을 Python에서 수행 가능합니다.

추가적으로 자주 사용하게 되는 여러 파일&디렉토리 작업들을 정리합니다.

특정 디렉토리의 모든 파일 목록을 리스트로 가져오는 방법

```
# listdir을 이용하는 방법
from os import listdir
from os.path import isfile, join
from pathlib import Path

# 현재 path 지정
mypath = Path.cwd()
print(mypath)

# onlyfiles에 list로 저장
onlyfiles = [f for f in listdir(mypath) if isfile(join(mypath, f))]
print(onlyfiles)

# 또는 glob을 이용한 방법
import glob
print(glob.glob(join(str(mypath), '*.py')))
```

이 외에도 여러 방법을 아래 링크에서 확인 가능합니다.

참고링크 : python - How do I list all files of a directory? - Stack Overflow(https://stackoverflow.com/questions/3207219/how-do-i-list-all-files-of-a-directory)

149

중급 강좌 - 7. 파일작업(File read/write)

TL;DR

파일작업은 파일 읽기 또는 쓰기를 위해 스트림 개체를 사용하여 수행됩니다. 파일 읽기 작업에는 파일을 읽을 수 있는지 체크하고, 캐릭터나 개별 라인은 물론 파일의 모든 라인을 읽는 작업이 포함됩니다. 또한, JSON 파일을 읽어 dictionary 데이터형으로 변환하고, CSV 파일을 읽고 pandas DataFrame으로 저장하는 방법도 설명합니다. https://www.sqler.com/board_CSharp/1096039

이번 강좌는 파일작업입니다. 실제로, 파일을 읽고 쓰는 과정과 여러 팁을 이번 강좌에서 진행합니다.

Stream 개체를 이용해 파일처리

파일을 열 때에는 이렇게 stream 개체를 만들어 처리합니다.

아래의 이미지와 같이, 파일을 읽기 목적으로 쓸지 아니면 쓰기 목적으로 열기 등을 결정해 진행합니다.

기본 옵션은 이렇게 읽기(Read)이고, 텍스트(Text) 파일을 읽고 처리합니다.

파일 읽기(file read)

다음 Python 코드를 통해 파일 읽기 작업을 수행할 수 있습니다.

```
# demo.txt 파일을 열고, 내용을 읽음
# clone 한 more-python-for-beginners/07 - Reading and writing
files/demo.txt 파일 참조
stream = open('./demo.txt', 'rt')

print('\nIs this readable? ' + str(stream.readable()))
print('\nRead one character : ' + stream.read(1))
print('\nRead to end of line : ' + stream.readline())
print('\nRead all lines to end of file :\n' + str(stream.readlines())+
'\n')
```


파일 쓰기(file write)

다음과 같은 코드로 파일 쓰기 작업을 진행합니다.

152

```
# 쓰기 작업을 하기 위해 output.txt를 텍스트 파일로 열고 객체를 가져옴
stream = open('output.txt', 'wt')

print('\nCan I write to this file? ' + str(stream.writable()) + '\n')

stream.write('H') # 한 줄 문자열 작성
stream.writelines(['ello',' ','world']) # 여러 줄의 문자열 작성
stream.write('\n') # 새 줄(new line) 작성

names = ['Susan','Christopher']
stream.writelines(names)

# 리스트의 각 항목 사이에 새 줄을 추가하는 깔끔한 방법
stream.write('\n')  # 새 줄 작성
stream.writelines('\n'.join(names))
stream.close() # 파일 스트림을 flush 하고 close
```

파일 스트림 작업

파일 작업 시 Stream 작업이 약간 생소할 수 있습니다. seek 명령을 이용하면, 현재 스트림의 작업 위치를 변경하고, 필요한 작업을 수행할 수 있습니다. flush는 이런 stream을 파일로 실제 쓰는 처리 과정을 flush 작업이라고 부릅니다.

```
# 텍스트 쓰기 작업을 위해 manage.txt 파일 객체를 가져옵니다.
stream = open('manage.txt', 'wt')

# 파일스트림에 demo 단어를 작성
stream.write('demo!')

# 파일스트림의 시작 위치로 이동
stream.seek(0)

# cool 단어를 파일시스템에 작성
stream.write('cool')

# 파일 버퍼로 파일스트림 콘텐츠를 flush(플러시) - 실제 파일로 쓰기
stream.flush()

# 파일스트림을 flush 하고 파일 close
```

```
stream.close()
```

Python에서 빈(empty) 파일 생성

추가적으로, 가끔 빈 파일을 만들어야 할 경우가 있습니다. pathlib에서 touch()를 이용하면 편리합니다. bash 명령과 유사하죠.

```python
from pathlib import Path

# 현재 디렉토리에 빈 파일을 생성
Path('file.txt').touch()
```

Python에서 파일을 줄단위(line by line)로 읽어 list에 저장하는 다른 방법

위에서 간략한 방법도 소개하고 있지만, 워낙 자주 쓰이는 처리라서 잘 정리해 두시면 좋습니다.

```python
filename = 'output.txt'
with open(filename) as f:
    content = f.readlines()
# you may also want to remove whitespace characters like `\n` at the
end of each line
content = [x.strip() for x in content]

print(content)
```

이렇게 readlines()를 이용해 list로 append 할 수 있습니다.

참고링크 : python - How to read a file line-by-line into a list? - Stack Overflow(https://stackoverflow.com/questions/3277503/how-to-read-a-file-line-by-line-into-a-list)

Python에서 json 파일을 읽어 dictionary 데이터형으로 저장하는 방법

```python
import json
f = open('JSON_FILENAME.json',)    # 예시 파일명입니다.
data = json.load(f)  # data는 dict로 리턴됩니다.
```

이렇게 dict로 로드할 수 있습니다. 이후 JSON 탐색 등은 이전 챕터 - *Python 초급 강좌 - 17. JSON 데이터 처리* - 를 참고하세요.

Python에서 CSV 파일을 읽어서 pandas DataFrame으로 저장하는 방법

```python
# pip install pandas로 설치
import pandas as pd
titanic_data = pd.read_csv('CSV_FILE.csv')  # 예시 파일명입니다.
# df를 CSV로 저장할 경우 to_csv()로 저장
```

✅ 챗GPT 활용: python pandas DataFrame에 대해서 알려줘

CSV를 로드해 pandas DataFrame으로 처리하는 상세한 방법은, 이후 머신러닝 강좌에서 진행 예정이니 도움 되시길 바랍니다.

중급 강좌 - 8. 외부 리소스 관리(Managing external resources): with

TL;DR

Python의 with 구문은 코드를 단순화하고 자동으로
클린업 작업을 수행합니다. with 구문을 사용하면 코드가
더 간결해지고 외부 리소스를 관리하기 쉬워지며. 파일
스트림과 같은 외부 리소스를 관리하는 데 유용합니다.
https://www.sqler.com/board_CSharp/1096052

with 구문을 사용하면 try/finally 에서 코드를 단순화시킬 수 있고 항상, 클린업 작업을 자동
실행합니다.

설명만으로는 감이 잘 안 오실 겁니다. 하지만 코드를 살펴보면 금방 이해하실 거예요.

이미 몇 번, 이전 강좌의 포스트에서 with 구문을 쓰는 것을 보여드렸습니다. 파일 입출력과
관련된 부분입니다.

Python에서 with를 사용하는 이유

지난 *Python 중급 강좌 - 7. 파일작업(File read/write)*에서 보신 것처럼, 파일 스트림 작업을 할
때, 보통 이런 패턴으로 작업합니다.

파일을 쓰기 위해 열고, 쓰기 작업 후, 스트림을 close 해서 완료하는 절차입니다.

```
stream = open('output.txt', 'wt')
stream.write('Lorem ipsum dolar')
stream.close() # 꼭 close를 해야 합니다.
```

만약 정상적으로 close 되지 않으면, 다음에 파일을 열 때, 파일이 이미 열려 있다는 메시지가
뜨고 적절한 처리를 해야 합니다.

try / finally 작업

이런 경우를 대비해 try / finally 패턴 작업이 필요합니다.

```
try:
    stream = open('output.txt', 'wt')
    stream.write('Lorem ipsum dolar')
finally:
    stream.close() # 정상/오류 상황 양쪽 모두, finally block을 통해 close
해야 합니다.
```

이런 경우에, with 구문이 유용합니다. 위의 코드를 이런 식으로, with 구문으로 변경할 수
있습니다.

with로 변경한 과정

```
with open('output.txt', 'wt') as stream:
    stream.write('Lorem ipsum dolar')
```

이렇게 file stream 작업이나 다른 네트워크 stream 작업 등의 외부 리소스 관련 작업을 할 때,
with를 이용하면 코드를 더 간결하게 유지하면서 같은 작업을 할 수 있습니다.

중급 강좌 - 9. 비동기 작업(Asynchronous operations): asyncio

TL;DR

Python은 오랫동안 실행하는 작업을 비동기식으로
수행하기 위한 기능을 제공하며 asyncio는 async/await
기반 비동기 작업을 실행하기 위한 라이브러리입니다.
asyncio를 사용하여 웹 요청이나 복잡한 데이터 처리와
같은 외부 리소스와 관련된 작업을 비동기/효율적으로
처리할 수 있습니다.
https://www.sqler.com/board_CSharp/1096060

네, Python 중급 강좌의 마지막 내용인 비동기 작업입니다. 마지막 과정까지 오시느라 수고
많으셨습니다.

이름만 들어도 약간 어려울 것 같고 괜히 복잡해 보이는 Asynchronous 작업이지만,
Python에서는 이 비동기 처리를 쉽게 작업 가능합니다. 지난 강좌와 마찬가지로, 차근차근
코드로 진행할 테니까요, 같이 비동기 처리에 대해 살펴보시죠.

Python과 비동기(Asynchronous) 작업

Python은 오래 실행되는 작업을 비동기적으로 관리하기 위한 여러 옵션을 제공합니다.
asyncio(https://docs.python.org/3/library/asyncio.html)는
async/await(https://docs.python.org/3/reference/compound_stmts.html#async-def)를
포함하는 비동기 작업을 실행하기 위한 핵심 라이브러리입니다.

동시성과 병렬처리는 모든 언어에서 다뤄지는 주제입니다. 대부분의 개발 언어는 이러한 처리를
위한 기능을 제공하며, Python 도 마찬가지로 훌륭한 비동기 처리 기능들을 제공하고 있습니다.

Javascript 쪽 관련 개발을 해본 경험이 있다면, 잘 알고 계실 거에요. 특정 웹 호출 작업이나, Network 처리 또는 복잡한 데이터 처리와 같은 작업은 시간이 오래 걸리는 작업입니다. 대부분의 작업이 외부 리소스에서 주로 처리되고, 요청 후 "기다리는" 시간이 오래 걸리는 문제가 있었죠. 네, 오늘날 대부분의 웹 호출 작업이 이러한 상황에 놓이게 됩니다. 그럼 실제 시나리오를 코드로 실행해 보시죠.

동기(Synchronous) 작업

이 예제는 전형적인 동기화 작업 패턴입니다. (timeit은 깨알같이 훌륭한 시간측정 모듈로, 작업 소요시간을 쉽게 측정 가능 가능한 timer 기능을 제공합니다.)

```python
from timeit import default_timer
import requests

def load_data(delay):
    print(f'Starting {delay} second timer')
    text = requests.get(f'http://httpbin.org/delay/{delay}').text
    print(f'Completed {delay} second timer')

def run_demo():
    start_time = default_timer()

    two_data = load_data(2)
    three_data = load_data(3)

    elapsed_time = default_timer() - start_time
    print(f'The operation took {elapsed_time:.2} seconds')

def main():
    run_demo()

main()
```

코드에서 보시는 것처럼 http://httpbin.org/ 웹서비스는 delay라는 기능을 제공해, 요청을 보내면 일정 초(second) 이후 응답을 리턴하는 API를 제공합니다. 이 코드에서는 load_data(2)와 load_data(3)이라는 함수를 호출해, 2초 대기 후 응답, 3초 대기 후 응답을 받아 출력해 보통 5초 이상이 소요되는 결과를 보실 수 있습니다.

느끼시는 것처럼, 요청-"대기"-요청-"대기" 이런 전형적인 동기화 작업이 순차적으로 이루어지게 되죠. 이러한 task blocking상황을 어떻게 비동기적인 호출을 이용해 효율적으로 해결할 수 있을까요?

비동기(Asynchronous) 처리 작업

비동기 처리를 Python에서 수행하기 위해 먼저 aiohttp 패키지를 설치합니다.

다음 명령을 수행해 aiohttp를 conda 환경에 설치합니다.(Python 버전 3.5 이상이 필요합니다.)

```
pip install aiohttp
```

아래 비동기 처리 코드를 실행합니다.

```python
from timeit import default_timer
import aiohttp
import asyncio

async def load_data(session, delay):
    print(f'Starting {delay} second timer')
    async with session.get(f'http://httpbin.org/delay/{delay}') as resp:
        text = await resp.text()
        print(f'Completed {delay} second timer')
        return text

async def main():
    # 타이머 시작
    start_time = default_timer()

    # 하나의 세션 생성
    async with aiohttp.ClientSession() as session:
        # 작업을 설정하고 실행
        two_task = asyncio.create_task(load_data(session, 2))
        three_task = asyncio.create_task(load_data(session, 3))

        # 다른 프로세싱 시뮬레이션
```

```
        await asyncio.sleep(1)
        print('Doing other work')

        # value 값들을 가져오기
        two_result = await two_task
        three_result = await three_task

        # 결과 출력
        elapsed_time = default_timer() - start_time
        print(f'The operation took {elapsed_time:.2} seconds')

asyncio.run(main())
```

실행하면, 결과가 약 3초 조금 후 처리가 완료되는 것을 확인 가능합니다. 앞의 동기화 작업과 비교해 보면, 거의 동시에 진행되고, 3초 걸리는 작업의 결과와 함께 결과가 도착한 것을 확인 가능합니다. 그럼 Python이 어떻게 처리하는지 코드를 단계별로 같이 살펴보시죠.

Python의 비동기 처리 코드 리뷰

비동기 처리를 위해서는

- 비동기 처리를 위한 세션(session) 생성
- session을 이용해 task 생성
- task로 작업을 async로 실행

과정을 통해 처리됩니다. 코드를 단계별로 보면,

```
...
# session을 async로 생성하고,
async with aiohttp.ClientSession() as session:
...
# task를 생성해 session 인스턴스를 실행할 함수에 넘깁니다.
two_task = asyncio.create_task(load_data(session, 2))
...
# 실행하는 load_data 함수에서는 이렇게 session을 이용해 HTTP GET 처리를
async로 처리합니다.
async with session.get(f'http://httpbin.org/delay/{delay}') as resp:
```

이렇게 비동기 작업을 non-blocking 처리 가능합니다.

161

Python에서 이런 비동기로 처리하는 다양한 패턴이 존재합니다. 이러한 웹 요청 외에 다양한 분야에서도 여러 코드를 테스트하면서 수행해 보시면 비동기 처리로 여러 작업들을 수행하실 수 있을 것입니다.

Python 중급강좌를 마치고, 이후 Python 인공지능/머신러닝 챕터 진행

Python 초급강좌에 이어, Python 중급강좌까지 수고 많으셨습니다. 중급강좌까지 마무리하셨다면, 이제 어느 Python코드를 만나도 당황하거나 두려워하지 않으셔도 될 겁니다. 짧은 강좌였지만, 꼭 필요한 주제들을 담았고 이제 새로운 Python의 기능을 만나도 조금만 검색하면 어렵지 않게 사용방법이나 코딩 패턴을 보고 개발하실 수 있을 겁니다.

Python 강좌에 대해 궁금하신 사항은 언제든지, 개발자 커뮤니티 SQLER.com - 파이썬 & 오픈소스 개발 질문과 답변 게시판(https://www.sqler.com/board_CSharpQnA)에 올려 주시면 도움드리도록 하겠습니다.

머신러닝 강좌 - 1. 주피터 노트북(Jupyter Notebook) 구성

TL;DR

머신러닝 강좌는 Jupyter Notebook으로 진행되며
브라우저나 개발 도구에서 선택해 사용할 수 있습니다.
윈도의 명령프롬프트(Anaconda 커맨드 창)이나
WSL(리눅스) bash shell에서 Jupyter Notebook을
설치할 수 있습니다.
https://www.sqler.com/1096090

이번 강좌에서는, Python 머신러닝 과정을 진행하기 위한 주피터 노트북(Jupyter Notebook)
구성을 진행토록 하겠습니다. 코드를 실행하기 위해서는, vscode에서 새로운 파일을 만들고
실행하시면 됩니다. 예를 들어, 1_notebook.ipynb를 생성하고 vscode에서 실행하면, Jupyter
notebook이 실행됩니다.(vscode에서 실행도 가능하며, 웹브라우저에서도 실행 가능합니다.)

상세한 환경 구성이 필요하시다면, 이 책의 *1. Python 개발 환경 구성* 챕터를 참조해 윈도 +
conda 또는 WSL(리눅스) + conda와 vscode, jupyter notebook 설정을 모두 먼저 완료하시길
권장해 드립니다.

Python 머신러닝 강좌에서 진행할 일반적인 내용

이 강좌에서는 머신러닝에서 사용되는 일반적인 Python 라이브러리와 도구를 이용해 데이터
처리부터 머신러닝 처리까지의 과정을 다룹니다. 머신러닝에 대해 처음 접하는 개발자를 위한
콘텐츠로 준비했으며, 처음 접하는 머신러닝을 이해하고, 실재 hands-on 하는 것을 목표로
진행됩니다. SQLER의 여러 머신러닝
강좌(https://www.sqler.com/board_MachineLearning_AI_tip_lecture)도 참고하시면 도움
되실 거에요.

Jupyter notebook(lab) 구성

Jupyter notebook이나 Jupyter lab이나 비슷합니다. 브라우저나 개발도구에서 어떤 것으로 지정하는지의 문제이지, 구조 등도 모두 비슷합니다. Lab의 경우 조금 더 CSV 파일 등을 열어 보는 기능이나 파일/디렉토리 구조 트리뷰(tree view)를 지원하며, extension 기능을 지원합니다.

Jupyter notebook을 설치하는 방법

이전 챕터 - *1. Python 개발 환경 구성* - 에서 소개해 드린 것처럼,

이렇게 윈도의 anaconda 커맨드 창이나 WSL(리눅스) bash shell에서 install을 하시면 됩니다.

꼭 위의 Python 개발 환경 구성 문서를 참조해, conda 환경을 구성하고 conda activate 하신 후 설치/실행하시길 권장해 드립니다. 여러 Python 프로젝트를 병행하면서 개발하면, 이 독립적인 python 개발 환경을 제공하는 conda의 고마움을 아실 겁니다.

```
# 머신러닝 개발 강좌를 위한 conda 환경 생성
conda create -n sqler_ml_lec python=3.11

# sqler_ml_lec conda 환경 활성화
conda activate sqler_ml_lec


# Jupyter notebook 설치 - conda 환경을 사용 추천
conda install jupyter

# conda 환경이 아닐 경우
pip install jupyter
```

설치가 완료되면 윈도 명령창이나 WSL(리눅스) bash에서 이렇게 실행하면 됩니다.

```
# notebook 실행
```

```
jupyter notebook
```

실행하면, 이렇게 아래쪽에 토큰 정보와 함께 로컬에서 실행 가능한 포트 경로가 보입니다.

토큰은 자동 생된 된 랜덤 값이고, 실행시마다 변경됩니다.

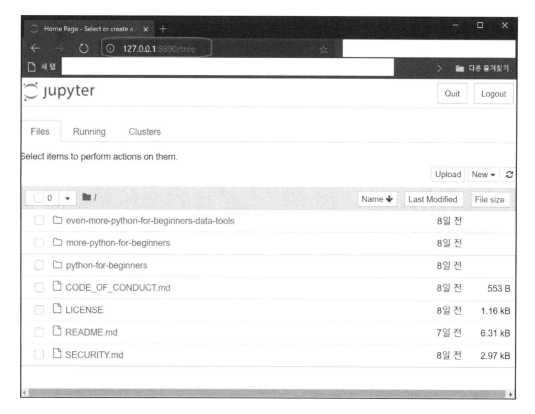

브라우저에서 복사해 실행하면 이렇게 노트북이 잘 보입니다.(포트 번호는 위의 링크와 다를 수 있습니다.)

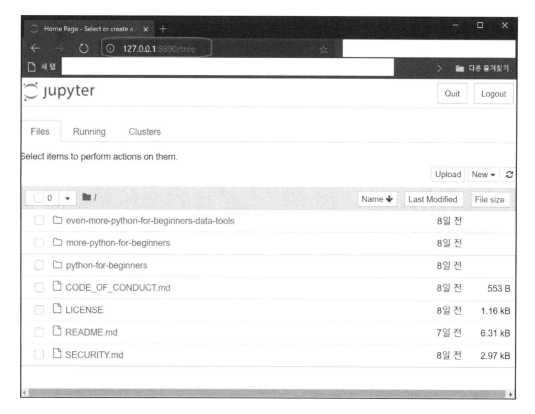

주의사항 = 노트북 실행 시 500 Internal Server Error 발생

2023년 6월 기준 Jupyter notebook 실행 후 특정 버전(3.10) 이상의 Python 환경에서 노트북을 열면 "500 Internal Server Error"가 발생하는 이슈가 있습니다. 원인은 notebook에서 dependency로 사용되는 nbconvert가 Python 3.10 이상 환경을 지원하지 않기 때문(https://nbconvert.readthedocs.io/en/latest/install.html#supported-python-versions)입니다. 해결방법은 아래와 같이 nbconvert를 특정 버전으로 지정하면 됩니다.

이 책의 독자님은 저와 같이 conda 환경을 이용하실 테니, "conda 환경일 경우" 방법을 사용하시면 됩니다.

Jupyter Notebook 500 : Internal Server Error(https://stackoverflow.com/a/54541742)

```
# conda 환경일 경우
conda install nbconvert==5.4.1

# conda 환경이 아닐 경우
pip install --upgrade --user nbconvert
```

(옵션) Jupyter lab 설치 및 실행

옵션이므로 반드시 설치할 필요 없습니다. 강좌는 모두 Jupyter notebook으로 진행됩니다.

lab 설치 및 실행

```
# jupyterlab 설치 - conda 환경 추천
conda install jupyterlab

# conda 환경이 아닐 경우
pip install jupyterlab

# jupyter lab 실행
jupyter lab
```

실행하면 Jupyter lab이 론칭됩니다.

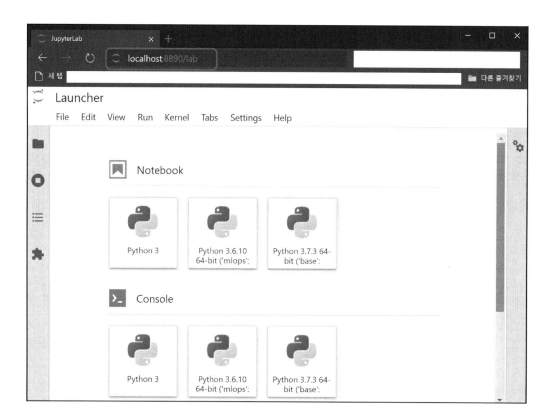

그러면, 이렇게 jupyter lab을 실행 가능합니다(포트번호는 위와 다를 수 있습니다.)

(옵션) 팀의 서버 또는 클라우드 VM 등에서 Jupyter를 공유하고 싶을 경우에 몇 가지 실행 팁

추가적으로 팀원이나 클라우드 VM에서 실행해 Jupyter를 공유하고 싶을 경우에 몇 가지 실행하는 팁을 소개해 드리면,

```
# 0.0.0.0으로 외부 접근 가능하도록 구성
# 포트를 변경해 Jupyter notebook(lab)을 실행
jupyter notebook --ip=0.0.0.0 --port=8080

# 토큰키를 추가로 설정
jupyter notebook --ip=0.0.0.0 --port=8080 --NotebookApp.token='토큰'
```

이런 형태로 구성하면, 지정한 토큰을 이용해 인증이 가능합니다.

위의 토큰키를 이용할 경우, 팀원이나 외부에서 접근 시 이런 링크로 접근하면 됩니다.

```
http://원격or클라우드서버:8080/tree?token=토큰
```

팀원들과 원격 서버를 이용할 경우, 반드시 접근 제한을 위해 IP range 정책 등의 추가 접근 제한 정책을 구성하세요.

(옵션) vscode에서 Jupyter notebook을 생성 및 실행하는 방법

소개해 드린, 이전 챕터 - *1. Python 개발 환경 구성* - 을 잘 진행하셨다면, 이미 vscode를 잘 사용하고 계실 겁니다. 브라우저를 이용해 실행하는 방법과 다르게, vscode에서는 실행이 좀 더 간편합니다. 이렇게 ipynb 확장자 파일을 생성하거나, 기존 ipynb 노트북 파일을 선택하면, 이렇게 잘 보입니다.(저는 vscode dark 테마라 화면이 저와 다를 수 있습니다.) 브라우저의 vscode와 거의 같은 기능을 수행하지만, git SCM과의 연동 등 다양한 vscode의 개발 편의 기능을 통합해 이용 가능합니다.

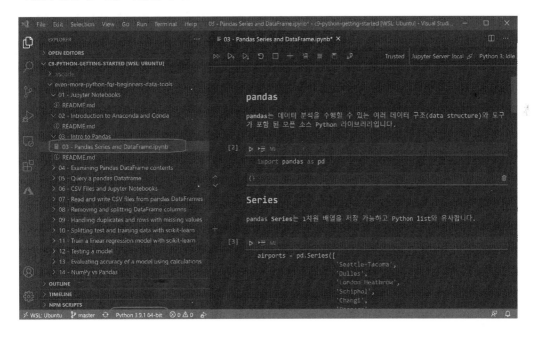

만약 vscode에서 notebook 실행에 문제가 있다면, 왼쪽 아래 Python environment를 확인하세요. 클릭하시고, jupyter가 구성된 conda environment를 선택하시면 바로 notebook을 이용 가능합니다.

Jupyter notebook 실행 화면

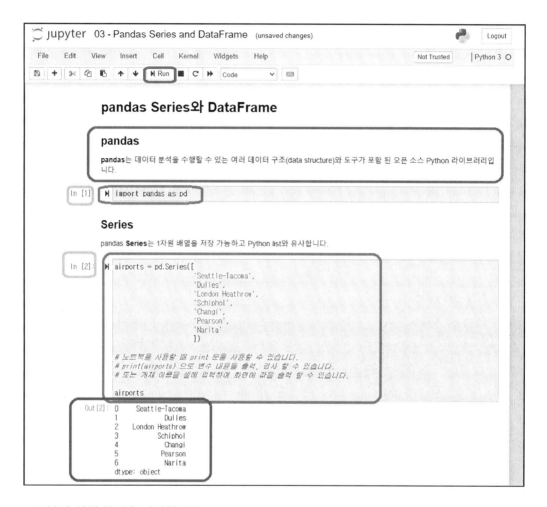

노트북의 실행 화면은 간단합니다.

- 1개의 셀 = 실행 단위로, 푸른색 코드셀 부분에 코드를 넣고 위의 실행 버튼을 누르면 코드가 실행됩니다.
- 셀을 추가하려면, insert 메뉴에서 추가하거나 단축키(esc 누른 후 a나 b키를 눌러서 위나 아래에 추가)로 추가 가능합니다.
- 코드의 실행은 순차적이 필요 없이 뒤쪽 셀을 실행하다가, 앞쪽 셀을 수정 후 실행하고 다시 맨 뒤의 셀을 이어서 실행하는 식의 커널 단위 작업이 가능합니다.
- 붉은색 셀 부분은 "마크다운(markdown)" 셀로, 일반 셀을 마크다운 셀로 변환하고 설명이나 주의사항 등을 추가 가능합니다.
- 보라색 셀 부분은 코드셀을 실행 후 출력된 결과입니다.
- 코드셀에서 변수나 개체명을 타이핑하면, print문과 같은 결과가 출력됩니다.

☑️ 챗GPT 활용: python jupyter notebook의 역사

책의 머신러닝 강좌는 jupyter notebook으로 진행

책에서 진행하게 될 강좌는 이제 Jupyter notebook으로 진행됩니다. 제가 만났고 같이 프로젝트를 진행한 Data Scientist 분이나 많은 머신러닝을 공부하고 개발하는 분들도 notebook을 자주 이용합니다.

특히, notebook은 팀원들과 빠르게 구현된 코드를 실행해 결과를 리뷰하거나(특히 pandas), 작은 python 코드들을 테스트하기에도 좋은 개발 환경입니다.

강좌를 통해 이후 머신러닝을 개발할 때 많은 도움 되시길 바랍니다.

머신러닝 강좌 - 2. Anaconda와 Conda 구성

TL;DR

Anaconda는 머신러닝과 데이터 과학을 위한
Python과 R의 배포판으로, 1500개 이상의 패키지와
그래픽/명령 줄 인터페이스를 제공합니다. Conda는
오픈 소스 패키지 관리 및 환경 관리 시스템으로,
Python 개발 환경을 관리하고 외부 라이브러리를
설치하는 데 사용됩니다. 주요 conda 명령어로는 환경
생성, 환경 리스트, 활성화, 삭제가 있습니다.
https://www.sqler.com/1096204

이미 지난 챕터를 따라오셨다면, 충분히 Conda에 대해서는 이해하고 계실 거에요.

Python 초급 강좌 - 1. Python 개발 환경 구성챕터와 Python 머신러닝 강좌 - 1. 주피터
노트북(Jupyter Notebook) 구성 문서에서 소개해 드린 것처럼, Python에서 conda를 이용해
독립된 개발 환경을 생성할 수 있습니다.

여러번 등장했던 Anaconda와 conda! 이번 강좌에서 conda에 대해 궁금하신 부분을 풀어
보도록 하겠습니다.

Anaconda란 무엇인가?

Anaconda(https://www.anaconda.com/)는 머신러닝과 Data Science를 위한 Python과
R의 오픈 소스 배포판입니다. 이 배포판에는 1500 개 이상의 패키지, Anaconda
Navigator라는 그래픽 인터페이스, Anaconda prompt라는 명령 줄 인터페이스 및 Conda
도구가 포함됩니다.

네, Conda가 포함된 여러 패키지의 집합이라고 보시면 됩니다. 그런데 왜 안 다루냐고요? 음...
Python은 필요할 때 패키지를 설치할 수 있도록 하는 패키지 관리자(pip/conda등)가 기본
제공됩니다.

클라우드 시대에, 굳이, 불필요한 수많은 패키지를(계속 업데이트되는) 가지고 있을 필요가
없으며, 필요시 설치하거나 업데이트하면 되기 때문입니다. 아울러, 개발자의 입장에서 자신의
코드에서 필요한 패키지만 필요할 때 설치/사용할 수 있어서 좀 더 솔루션을 꼭 필요한
패키지들만 유지할 수 있는 것도 장점이에요. 저는 강좌에서 진행한 대로, conda만 구성해
사용할 것을 권장해 드립니다.

Conda는 무엇인가?

Python 코드는 종종 패키지에 저장된 외부 라이브러리에 의존적입니다. Conda는 오픈 소스
패키지 관리 시스템 및 환경 관리 시스템으로, Python 개발 환경을 관리하고 Jupyter 노트북 용
패키지를 설치하는 데에도 많은 도움이 됩니다.

Conda와 pip의 차이점

Conda 공식 사이트에서 표현하는 pip와 같은 package manager와의 차이점은,

> *The main problem is that they are focused around Python, neglecting
> non-Python library dependencies, such as HDF5, MKL, LLVM, etc., which do not
> have a setup.py in their source code and also do not install files into Python's
> site-packages directory.*
> *- Python Packages and Environments with conda | Continuum (archive.org)*

기존의 pip와 같은 패키지 관리자는 이렇게 python dependency만 관리 가능하지만, conda는
이를 넘어 추가적으로 필요한 여러 non-Python 패키지들에 대한 관리도 함께 제공합니다. 몇몇
deep learning 패키지를 사용하다 보면, conda dependency만 제공하는 경우가 있는데, 이런
경우라고 보시면 됩니다.

중요한 건,

우리 개발자들이 Python으로 코드를 검토하거나 개발할 때 "ModuleNotFoundError: No module named in Python" 오류를 만나면, 검색해 보시면 됩니다. pip로 대부분 설치 가능하고, 안 되는 것은 conda나 Ubuntu에서 apt 등을 이용해 해결 가능합니다.

conda 명령들

여러 conda 명령어들이 있지만, 아래 4~5개 정도가 전부입니다.

conda 환경(environment) 생성

conda 독립 환경을 생성하는 명령

```
# conda 환경 생성 - conda create
# conda create -n Python환경이름 python=버전
conda create -n sqler_ml_lec python=3.11

# 이전 강좌에서 이미 sqler_ml_lec을 생성했다면 중복 생성 오류가 발생합니다.
```

conda 환경 리스트 - conda env list

```
# 계정에 생성된 conda 환경 목록 조회
conda env list
```

conda 환경 업그레이드

conda를 최신버전으로 셀프 업그레이드 할 때 사용

```
conda update conda
```

conda 환경 활성화 - conda activate

설치된 conda 환경을 activate 해서 독립된 python 개발 환경을 활성화

```
# conda activate conda환경이름
conda activate sqler_ml_lec
```

conda 환경 비활성화 - conda deactivate

```
conda deactivate
```

conda 환경 삭제

설치된 모든 Python 패키지를 삭제하고 환경도 삭제

```
# conda env remove -n conda환경이름
conda env remove -n sqler_ml_lec

# 강좌에서 계속 사용되니 아직 삭제는 하지 마세요.
```

이렇게 처리됩니다.

이어지는 강좌는 모두 sqler_ml_lec conda 환경에서 실행되니 항상 activate 시키시고, 현재 개발 환경이 해당 conda 환경에서 실행 중인지 체크하세요.

conda 명령어 cheat sheet

더 상세한 conda 명령을 Conda cheat sheet - PDF문서 링크(https://docs.conda.io/projects/conda/en/4.6.0/_downloads/52a95608c49671267 e40c689e0bc00ca/conda-cheatsheet.pdf)에서 보실 수 있습니다.

Conda user cheat sheet

For full documentation of any command, type the command followed by `--help`
```
conda create --help
```
TIP: Many options after two dashes (--) have shortcuts.
```
conda create --help or conda create -h
```

Managing conda and anaconda

`conda info`	Verify conda is installed, check version #
`conda update conda`	Update conda package and environment manager to current version
`conda update an aconda`	Update the anaconda meta package (the library of packages ready to install with `conda` command)

Managing environments

`conda info --envs` or `conda info -e`	Get a list of all my environments, active environment shown with *
`conda create --name snowflakes biopython` or `conda create -n snowflakes biopython`	Create an environment and install program(s) *TIP: To avoid dependency conflicts, install all programs in the environment (snowflakes) at the same time.* *TIP: Environments install by default into the envs directory in your conda directory. You can specify a different path; see `conda create --help` for details.*
`source activate snowflakes` *(Linux, Mac)* `activate snowflakes` *(Windows)*	Activate the new environment to use it *TIP: Activate prepends the path to the snowflakes environment.*
`conda create -n bunnies python=3.4 astroid`	Create a new environment, specify Python version
`conda create -n flowers --clone snowflakes`	Make exact copy of an environment
`conda remove -n flowers --all`	Delete an environment
`conda env export > puppies.yml` `conda env create -f puppies.yml`	Save current envirinment to a file Load environment fromm a file

Managing Python

`conda search --full-name python` or `conda search -f python`	Check versions of Python available to install
`conda create -n snakes python=3.4`	Install different version of Python in new environment
`source activate snakes` *(Linux, Mac)* `activate snakes` *(Windows)*	Switch to the new environment that has a different version of Python *TIP: Activate prepends the path to the snakes environment.*

Managing .condarc configuration

`conda config --get`	Get all keys and values from my .condarc file
`conda config --get channels`	Get value of the key channels from .condarc file
`conda config --add channels pandas`	Add a new value to channels so conda looks for packages in this location

머신러닝 강좌 - 3. Pandas 소개

TL;DR

Pandas는 데이터 분석을 위한 데이터 구조 및 도구를
제공하는 오픈 소스 Python 라이브러리로 데이터
과학 분야에서 폭 넓게 사용됩니다. Pandas는
Series와 DataFrame의 데이터 개체를 지원합니다.
Series는 1차원 배열을 저장하고 DataFrame은 2차원
배열을 저장하며 CSV 파일이나 데이터베이스와 같은
대량의 데이터를 처리하는 데 유용합니다.
https://www.sqler.com/1096225

pandas

pandas(https://pandas.pydata.org/)는 데이터 분석을 수행할 수 있는 여러 데이터 구조(data
structure)와 도구가 포함된 오픈 소스 Python 라이브러리입니다. 머신러닝 작업을 할 때 필요한
여러 데이터 전처리 작업을 수행하기에 적절한 거의 모든 기능들을 pandas에서 제공하고
있습니다. 특히, SQLER 분들처럼, DB에 대한 경험이 있고, 쿼리 작성 경험이 있다면, 빠르게
pandas를 익힐 수 있습니다. SQLER의 강좌에서 많은 예제를 차근차근 다룰 예정이고, 기본
머신러닝 시리즈 강좌 외에 pandas와 numpy 상세 시리즈 강좌도 진행 예정이니, 많은 도움
되시길 바랍니다.

pandas는 두 가지의 데이터 개체로 나뉩니다. "Series"와 "DataFrame"입니다.

pandas Series와 DataFrame

- Series는 1차원 배열을 저장

- DataFrame 2차원 배열과 여러 다른 데이터 타입들을 저장

윈도 커맨드창이나 WSL의 bash 쉘에서 아래 pip 명령을 이용해 pandas를 설치 가능합니다.

conda 환경을 activate 했는지 다시 체크하세요. 현재 pandas를 설치하는 conda 환경에서만, pandas를 사용 가능합니다.

```
pip install pandas
```

현재 명령창이 이미 Jupyter notebook이 실행 중이라 위의 명령을 실행할 수 없다면, 걱정 마시고 새로 anaconda 명령 프롬프트를 실행하고, conda 환경을 activate 시킨 후 위의 pandas 설치를 진행하시면 됩니다.

pandas Series

pandas Series는 1차원 배열을 저장 가능하고 Python list와 유사합니다.

```python
import pandas as pd

airports = pd.Series([
                'Seattle-Tacoma',
                'Dulles',
                'London Heathrow',
                'Schiphol',
                'Changi',
                'Pearson',
                'Narita'
                ])

# 노트북을 사용할 때 print 문을 사용할 수 있습니다.
# print(airports)으로 변수 내용을 출력, 검사할 수 있습니다.
# 또는 개체 이름을 셀에 입력하여 화면에 값을 출력할 수 있습니다.

airports
```

실행하면, series 데이터가 출력된 것을 보실 수 있습니다.

177

혹시, module을 찾을 수 없음 오류가 발생할 경우, conda 환경을 activate 하셨는지 체크하시고, jupyter나 vscode의 실행환경이 위의 pip를 설치한 conda 환경과 일치하는지 다시 한번 체크하세요.

index를 사용하여 Series의 개별 값을 참조 가능합니다.

```
airports[2]
```

Loop를 사용해 Series의 모든 값을 iterate 할 수 있습니다.

```
for value in airports:
    print(value)
```

Series는 이렇게 list와 유사합니다. 일반적으로 list나 dict 처리 후 이렇게 Series로 데이터를 처리한 다음, DataFrame에 merge 할 때 자주 사용합니다. 이렇게 여러 개의 1차원 배열 형태인 Series가 모여서 2차원 배열 형태인 DataFrame이 됩니다.

DataFrame

pandas로 작업할 때, 대부분의 경우 2차원 배열을 다루게 됩니다. Pandas DataFrame은 2차원 array를 저장할 수 있습니다.

```
airports = pd.DataFrame([
                        ['Seatte-Tacoma', 'Seattle', 'USA'],
                        ['Dulles', 'Washington', 'USA'],
                        ['London Heathrow', 'London', 'United
Kingdom'],
                        ['Schiphol', 'Amsterdam', 'Netherlands'],
                        ['Changi', 'Singapore', 'Singapore'],
                        ['Pearson', 'Toronto', 'Canada'],
                        ['Narita', 'Tokyo', 'Japan']
                        ])

airports
```

columns 파라미터를 사용하여 DataFrame을 만들 때 column의 이름을 지정 가능합니다.

```
airports = pd.DataFrame([
                        ['Seatte-Tacoma', 'Seattle', 'USA'],
                        ['Dulles', 'Washington', 'USA'],
                        ['London Heathrow', 'London', 'United
Kingdom'],
                        ['Schiphol', 'Amsterdam', 'Netherlands'],
                        ['Changi', 'Singapore', 'Singapore'],
                        ['Pearson', 'Toronto', 'Canada'],
                        ['Narita', 'Tokyo', 'Japan']
                        ],
                        columns = ['Name', 'City', 'Country']
                        )

airports
```

실행결과

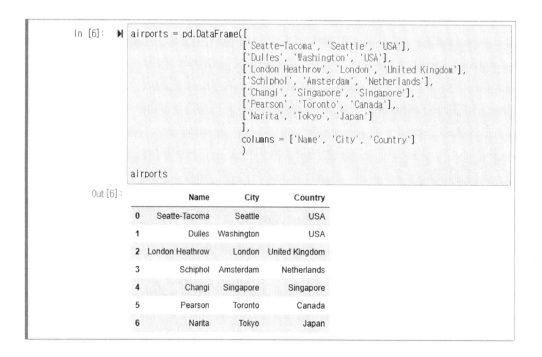

이렇게 처음으로, pandas로 Series와 DataFrame을 만들고 조회하는 방법에 대해서 살펴보았습니다.

실제 이렇게 DataFrame을 직접 만들기보다는 외부 데이터 소스(CSV 파일이나 SQL과 같은 DBMS)로부터 가져오는 경우가 더 많죠. 아울러, 단순 처리가 아니라, SQL쿼리만큼 다양하고 유연한 기능을 pandas가 제공합니다.

이후 강좌에서 더 많은 내용을 다룰 예정이니, 많은 도움 되시길 바랍니다.

머신러닝 강좌 - 4. Pandas DataFrame

TL;DR

Pandas DataFrame은 데이터 분석에 활용됩니다.
"head(n)" 메서드는 DataFrame의 처음 n개 행을 반환하고
"tail(n)" 메서드는 마지막 n개의 행을 반환합니다. "shape"
속성은 DataFrame의 행과 열의 수를 제공합니다. "info()"
메서드는 DataFrame에 대한 자세한 정보를 제공합니다.
https://www.sqler.com/1096273

지난 시간에는 간략히 pandas의 Series와 DataFrame에 대해 살펴보았습니다. 이번 시간에는
훨씬 많이 사용하시게 될 pandas의 DataFrame에 대해 조금 더 깊게 살펴보도록 하겠습니다.

✅ 챗GPT 활용: python pandas에 대해서 알려줘

DataFrame의 데이터 조사

DataFrame의 내용을 빠르게 조사할 경우에 이 내용이 유용합니다. pandas 라이브러리를
import 하고, 이어서 공항에 대한 정보를 포함하는 DataFrame을 생성해 보겠습니다.

```
import pandas as pd

airports = pd.DataFrame([
                ['Seatte-Tacoma', 'Seattle', 'USA'],
                ['Dulles', 'Washington', 'USA'],
                ['Heathrow', 'London', 'United Kingdom'],
                ['Schiphol', 'Amsterdam', 'Netherlands'],
                ['Changi', 'Singapore', 'Singapore'],
                ['Pearson', 'Toronto', 'Canada'],
```

```
                          ['Narita', 'Tokyo', 'Japan']
                          ],
                          columns = ['Name', 'City', 'Country']
                          )
```

`airports`

실행하면 결과는 아래와 같습니다.

Out[2]:

	Name	City	Country
0	Seatte-Tacoma	Seattle	USA
1	Dulles	Washington	USA
2	Heathrow	London	United Kingdom
3	Schiphol	Amsterdam	Netherlands
4	Changi	Singapore	Singapore
5	Pearson	Toronto	Canada
6	Narita	Tokyo	Japan

첫 n개의 행(row) 리턴

수천 개의 많은 row들 있는 경우, 처음 몇 행만 보고 싶을 수 있습니다.

- head(n)는 상위 n 행을 리턴합니다.

```
airports.head(3)
```

마지막 n개의 행 리턴

DataFrame의 마지막 행을 보는 것은 모든 데이터가 올바르게 로드되었는지 체크하는 좋은 방법입니다.

- tail(n)은 마지막 n 행을 리턴합니다.

```
airports.tail(3)
```

DataFrame의 row 및 column 수 확인

DataFrame에 얼마나 많은 데이터가 있는지 체크할 때 사용합니다.

- shape는 row과 column의 수를 리턴합니다.

```
airports.shape
```

=== 실행결과 ===

```
(7, 3)
```

DataFrame에 대한 자세한 정보 얻기

- info()는 DataFrame에 대한 자세한 정보를 리턴합니다.

리턴되는 정보

- row 수 및 index 값 범위
- column 수
- 각 column에 대해: column 이름, null이 아닌 값의 개수, datatype 정보가 리턴됩니다.

```
airports.info()
```

=== 실행결과 ===

```
<class 'pandas.core.frame.DataFrame'>
RangeIndex: 7 entries, 0 to 6
Data columns (total 3 columns):
 #   Column   Non-Null Count   Dtype
---  ------   --------------   -----
 0   Name     7 non-null       object
 1   City     7 non-null       object
 2   Country  7 non-null       object
dtypes: object(3)
memory usage: 296.0+ bytes
```

이렇게 간단히, DataFrame에서 데이터를 조회하는 부분을 살펴보았습니다. 데이터를 로드 후 shape를 체크하거나, 빠르게 살펴볼 때 유용한 명령들이니 잘 봐두시면 이후에도 많은 도움 되실 거에요.

☑ 챗GPT 활용:
```
airports = pd.DataFrame([
            ['Seatte-Tacoma', 'Seattle', 'USA'],
            ['Dulles', 'Washington', 'USA'],
            ['London Heathrow', 'London', 'United Kingdom'],
            ['Schiphol', 'Amsterdam', 'Netherlands'],
            ['Changi', 'Singapore', 'Singapore'],
            ['Pearson', 'Toronto', 'Canada'],
            ['Narita', 'Tokyo', 'Japan']
            ],
            columns = ['Name', 'City', 'Country']
            )
```

위 내용을 프롬프트에 질문하고 이어서
"airports 데이터프레임에서 상위 3개의 행을 가져오는 방법을 알려줘" 질문 수행
"airports 데이터프레임에서 'name' 컬럼만 가져오는 방법을 알려줘" 질문 수행

다른 질문으로 예제 데이터를 생성해야 할 경우 아래처럼 챗GPT로 처리 가능합니다.
"샘플 제품판매 관련 CSV 데이터셋을 생성해 줘"

머신러닝 강좌 - 5. Pandas DataFrame에 질의(Query)

TL;DR

Pandas iloc 및 loc을 사용하여 DataFrame을 쿼리합니다. loc 속성은 열 이름을 지정하여 특정 열과 행을 반환하는 데 사용되고 iloc 속성은 열 인덱스 위치를 지정하여 특정 행과 열을 반환하는 데 사용됩니다. 단일 열을 쿼리하려면 DataFrameName['columnName']을, 여러 열을 쿼리하려면 DataFrameName[['FirstColumnName', 'SecondColumnName', ...]]을 사용합니다.
https://www.sqler.com/1096301

이번 내용은 DataFrame에 대해 질의(query) 하는 강좌입니다. DataFrame에서 필요한 컬럼들을 가져올 경우 사용되는 iloc와 loc에 대해서 진행합니다. SQL에 익숙하신 분들이라면, SELECT 절의 컬럼 선택을 떠올리면 이해하기 쉬우실 거에요.

pandas DataFrame 쿼리

pandas DataFrame은 2차원 테이블 형식의 데이터를 저장하기 위한 구조입니다.

일반적인 속성(property)

- loc column 이름을 지정하여 특정 column과 row를 반환합니다.
- iloc coulmn 인덱스 위치를 지정하여 특정 row와 column을 반환합니다.

DataFrame에서 데이터의 일부를 리턴하는 것을 데이터 슬라이싱(slicing) 또는 다이싱(dicing)이라고 합니다. 먼저, 예제로 사용할 데이터를 생성하고 조회해 볼게요.

```python
import pandas as pd

airports = pd.DataFrame([
                        ['Seatte-Tacoma', 'Seattle', 'USA'],
                        ['Dulles', 'Washington', 'USA'],
                        ['London Heathrow', 'London', 'United
Kingdom'],
                        ['Schiphol', 'Amsterdam', 'Netherlands'],
                        ['Changi', 'Singapore', 'Singapore'],
                        ['Pearson', 'Toronto', 'Canada'],
                        ['Narita', 'Tokyo', 'Japan']
                        ],
                        columns = ['Name', 'City', 'Country']
                        )
airports
```

결과는 이전 강좌들에서 보신 것과 같은 위의 2차원 배열 형태로 DataFrame 결과가 출력됩니다.

하나의 컬럼을 리턴

리턴할 column 이름을 지정합니다.

- DataFrameName['columnName']

```python
airports['City']
```

```
=== 결과 ===
0        Seattle
1     Washington
2         London
3      Amsterdam
4      Singapore
5        Toronto
6          Tokyo
Name: City, dtype: object
```
SQL 쿼리로 표현하면 SELECT columnName FROM DataFrame 정도가 되겠네요.

여러 column들을 리턴

반환하려는 열 리스트를 코드에 추가합니다.

- DataFrameName[['FirstColumnName', 'SecondColumnName', ...]]

```
airports[['Name', 'Country']]

=== 결과 ===
      Name    Country
0   Seatte-Tacoma       USA
1   Dulles      USA
2   London Heathrow     United Kingdom
3   Schiphol        Netherlands
4   Changi Singapore
5   Pearson         Canada
6   Narita      Japan
```
네, 두 개의 컬럼을 DataFrame에서 가져오는 처리입니다. 여러 개의 컬럼을 계속 컬럼명을 나열하면 가능하겠죠.

iloc를 사용하여 반환할 row와 column 설정

iloc[rows, columns]를 사용하면, row 및 column index 위치의 row 또는, column 그룹을 가져올 수 있습니다. 리턴할 특정 row와 column을 지정합니다.

- 첫 번째 row는 0 입니다.
- 첫 번째 column은 0 입니다.

```
# 첫 row와 첫 column의 값을 리턴
airports.iloc[0,0]

=== 결과 ===
'Seatte-Tacoma'
```

i의 의미는 index를 의미하고, list 등의 여러 Python 데이터형에서 보신 것처럼, 서수형으로 position의 정보를 가져옵니다.

```
# 세 번째 row와 세 번째 column을 리턴
airports.iloc[2,2]

=== 결과 ===
'United Kingdom'
```

":"을 지정해서 모든 row들과 column들을 리턴 가능합니다.

```
airports.iloc[:,:]

=== 결과 ===
      Name   City    Country
0     Seatte-Tacoma Seattle      USA
1     Dulles Washington    USA
2     London Heathrow      London United Kingdom
3     Schiphol      Amsterdam     Netherlands
4     Changi Singapore     Singapore
5     Pearson       Toronto       Canada
6     Narita Tokyo  Japan
```

row 범위 또는 column range를 조회할 수 있습니다.

- [x:y]는 x부터 y까지의 row 또는 column을 리턴합니다.

```
# 첫 2 row와 모든 column을 리턴
airports.iloc[0:2,:]
```

=== 결과 ===

```
      Name    City    Country
0     Seatte-Tacoma  Seattle      USA
1     Dulles  Washington    USA
```

로우는 0부터 2까지 즉, 0번과 1번을 가져오고, 컬럼은 ":" 이기 때문에 전체를 가져옵니다.

```
# 모든 row와 첫 두 개의 column을 리턴
airports.iloc[:,0:2]
```

=== 결과 ===

```
      Name    City
0     Seatte-Tacoma  Seattle
1     Dulles  Washington
2     London  Heathrow     London
3     Schiphol      Amsterdam
4     Changi  Singapore
5     Pearson       Toronto
6     Narita  Tokyo
```

row 리스트 또는 column 리스트를 조회할 수 있습니다.

- [x,y,z]는 row 또는 column x, y 및 z를 반환합니다.

```
airports.iloc[:,[0,2]]
```

=== 결과 ===

```
      Name    Country
0     Seatte-Tacoma         USA
1     Dulles  USA
2     London  Heathrow      United  Kingdom
3     Schiphol      Netherlands
4     Changi  Singapore
5     Pearson       Canada
6     Narita  Japan
```

loc를 사용하여 이름으로 column을 조회

column의 index 위치 대신 column 이름을 조회하려면 iloc 대신 loc 사용

```
airports.loc[:,['Name', 'Country']]

=== 결과 ===
      Name    Country
0     Seatte-Tacoma USA
1     Dulles USA
2     London Heathrow     United Kingdom
3     Schiphol    Netherlands
4     Changi Singapore
5     Pearson     Canada
6     Narita Japan
```

머신러닝 강좌 - 6. CSV 파일과 주피터 노트북

TL;DR

CSV(쉼표로 구분된 값) 파일은 일반적으로 데이터 저장에 사용되며, 각 행은 레코드를 나타내고 열은 쉼표로 구분합니다. CSV 파일을 Jupyter Notebook에 업로드하려면 원하는 위치에 디렉토리를 생성하고 "업로드" 버튼을 사용하여 파일을 선택하여 업로드합니다.

https://www.sqler.com/1096319

데이터파일을 로드하는 경우가 많습니다. 일반적인 경우 CSV가 가장 많이 사용되는 파일 포맷이고, 이 CSV 파일을 Jupyter로 업로드하는 방안에 대해서 소개합니다.

CSV파일에 대하여.

간략히, CSV = comma separated variable 파일을 의미합니다.

- 개별 로우(row)는 하나의 레코드(record)를 의미
- 특수문자인 ","(콤마) 값으로 컬럼을 분리(separate)해 식별
- 첫 로우는 주로 컬럼 이름으로 사용

CSV 파일을 Jupyter notebook으로 업로드하는 방법

우리의 CSV 파일은 코드 리포지토리를 clone 한 경로의

c9-python-getting-started/even-more-python-for-beginners-data-tools/06 - CSV Files and Jupyter Notebooks/airport.csv

파일입니다.

이 파일을 우리가 지금 사용 중인, Jupyter 노트북으로 업로드를 진행할 거에요.

만약 vscode를 이용 중이라면, 탐색기에서 컨트롤+c 하시고, 왼쪽 트리뷰에서 디렉토리 생성 후 붙여 넣기 하시면 됩니다.

하지만, 웹 기반 Jupyter라면, 아래 절차를 통해 진행해야 합니다.

Jupyter notebook에서, CSV 파일을 업로드할 디렉토리 생성

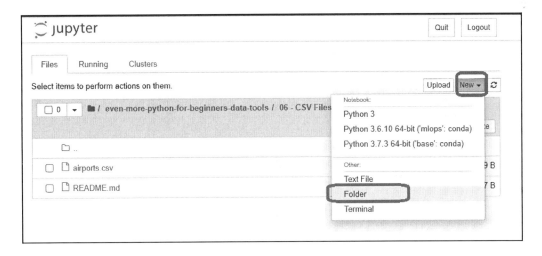

이렇게 디렉토리를 생성할 경로로 이동하고, (이번 06번 강좌 디렉토리도 좋습니다.) 우측 상단의 "new" 버튼을 누르고 "folder"를 새 폴더를 생성합니다.

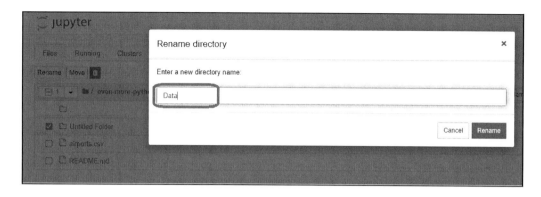

만들어진 디렉토리 이름은 "untitled Folder"가 기본입니다. (네, 친절하지 않아요) - 체크 후, "Rename"을 눌러 "Data"로 이름을 변경합니다.

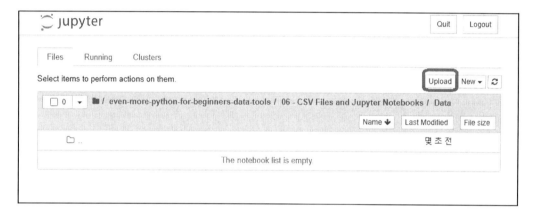

네, 업로드할 디렉토리도 준비가 되었습니다. Data 폴더로 이동하고, upload 버튼을 클릭해 CSV 파일을 업로드합니다.

이렇게 Jupyter에서 CSV 파일이나 필요한 파일을 업로드할 수 있습니다. 만들어진 디렉토리와 파일은 당연히, bash 쉘에서도 같은 디렉토리에 파일로 존재합니다.

그럼 다음 강좌, pandas에서 CSV 파일 처리에서 뵙겠습니다. 수고하셨습니다.

머신러닝 강좌 - 7. Pandas DataFrame으로 CSV 파일 읽고 쓰기

TL;DR

CSV 파일을 DataFrame으로 로드하기 위해 read_csv 함수를 사용하고, 반대로 저장하기 위해 to_csv 함수를 사용합니다. 이 챕터에서는 CSV에서 로드한 오류가 있는 데이터, 헤더 없는 데이터, 누락된 값 처리 등을 코드로 해결하는 방안에 대해 진행합니다.

https://www.sqler.com/1096367

이전 강좌에서 소개해 드린 것처럼, CSV 파일 포맷은 가장 많이 사용되는 머신러닝을 위한 데이터 포맷입니다. 이번 시간에는 지난 강좌에서 업로드한 CSV 파일의 데이터를 DataFrame으로 로드합니다.

일반적인 기능 및 속성

- read_csv는 쉼표로 구분된(comma-separated) 값 파일을 DataFrame으로 로드합니다.
- to_csv는 DataFrame의 데이터를 쉼표로 구분해 파일로 저장합니다.
- NaN은 누락된 값(missing value)을 표현합니다.

CSV 파일을 Pandas DataFrame으로 로드

read_csv를 사용하면, CSV 파일의 내용을 DataFrame으로 로드할 수 있습니다.

airports.csv에 포함된 데이터는 아래와 같습니다. 또는 clone 한 리포지토리를 보셔도 csv 파일을 찾을 수 있습니다.

```
Name,City,Country
Seattle-Tacoma,Seattle,USA
Dulles,Washington,USA
Heathrow,London,United Kingdom
Schiphol,Amsterdam,Netherlands
Changi,Singapore,Singapore
Pearson,Toronto,Canada
Narita,Tokyo,Japan
```

pandas를 이용해 csv를 dataframe으로 로드합니다.

```python
import pandas as pd

airports_df = pd.read_csv('airports.csv')
airports_df
```

```
=== 결과 ===
     Name    City    Country
0    Seattle-Tacoma    Seattle      USA
1    Dulles Washington    USA
2    Heathrow        London United Kingdom
3    Schiphol      Amsterdam      Netherlands
4    Changi Singapore    Singapore
5    Pearson        Toronto        Canada
6    Narita Tokyo  Japan
```

오류가 있는 row 처리

기본적으로 콤마(,)가 더 많거나 기타 문제가 있는 row로 인해 오류가 발생합니다. airportsInvalidRows.csv의 Heathrow London row에서 잘못 입력된 콤마를 확인할 수 있습니다.

195

```
Name,City,Country
Seattle-Tacoma,Seattle,USA
Dulles,Washington,USA
Heathrow,London,,United Kingdom
Schiphol,Amsterdam,Netherlands
Changi,Singapore,Singapore
Pearson,Toronto,Canada
Narita,Tokyo,Japan
```

이렇게 잘못된 csv 데이터에서 로드를 시도하면, 오류가 발생합니다.

```
airports_df = pd.read_csv('airportsInvalidRows.csv')
airports_df
```

=== 결과 ===

```
--------------------------------------------------------------------
----
ParserError                                   Traceback (most recent call
last)
<ipython-input-7-909c407d14bb> in <module>
----> 1 airports_df = pd.read_csv('airportsInvalidRows.csv')
      2 airports_df


~/anaconda3/lib/python3.7/site-packages/pandas/io/parsers.py in
parser_f(filepath_or_buffer, sep, delimiter, header, names, index_col,
usecols, squeeze, prefix, mangle_dupe_cols, dtype, engine, converters,
true_values, false_values, skipinitialspace, skiprows, skipfooter,
nrows, na_values, keep_default_na, na_filter, verbose,
skip_blank_lines, parse_dates, infer_datetime_format, keep_date_col,
date_parser, dayfirst, cache_dates, iterator, chunksize, compression,
thousands, decimal, lineterminator, quotechar, quoting, doublequote,
escapechar, comment, encoding, dialect, error_bad_lines,
warn_bad_lines, delim_whitespace, low_memory, memory_map,
float_precision)
    674             )
    675
--> 676         return _read(filepath_or_buffer, kwds)
    677
    678     parser_f.__name__ = name
```

```
~/anaconda3/lib/python3.7/site-packages/pandas/io/parsers.py in
_read(filepath_or_buffer, kwds)
    452
    453        try:
--> 454            data = parser.read(nrows)
    455        finally:
    456            parser.close()


~/anaconda3/lib/python3.7/site-packages/pandas/io/parsers.py in
read(self, nrows)
   1131        def read(self, nrows=None):
   1132            nrows = _validate_integer("nrows", nrows)
-> 1133            ret = self._engine.read(nrows)
   1134
   1135            # May alter columns / col_dict


~/anaconda3/lib/python3.7/site-packages/pandas/io/parsers.py in
read(self, nrows)
   2035        def read(self, nrows=None):
   2036            try:
-> 2037                data = self._reader.read(nrows)
   2038            except StopIteration:
   2039                if self._first_chunk:


pandas/_libs/parsers.pyx in pandas._libs.parsers.TextReader.read()


pandas/_libs/parsers.pyx in
pandas._libs.parsers.TextReader._read_low_memory()


pandas/_libs/parsers.pyx in
pandas._libs.parsers.TextReader._read_rows()


pandas/_libs/parsers.pyx in
pandas._libs.parsers.TextReader._tokenize_rows()


pandas/_libs/parsers.pyx in pandas._libs.parsers.raise_parser_error()


ParserError: Error tokenizing data. C error: Expected 3 fields in line
4, saw 4
```

이럴 경우, **error_bad_lines=False** 를 지정해 오류를 발생하는 row를 skip 할 수 있습니다.

```
airports_df = pd.read_csv(
                          'airportsInvalidRows.csv',
                          on_bad_lines='skip'   #pandas 1.4 미만
error_bad_lines=False
                          )

airports_df

=== 결과 ===
b'Skipping line 4: expected 3 fields, saw 4\n'


        Name    City    Country
0       Seattle-Tacoma      Seattle         USA
1       Dulles Washington   USA
2       Schiphol        Amsterdam       Netherlands
3       Changi Singapore        Singapore
4       Pearson         Toronto         Canada
5       Narita Tokyo    Japan
```

column header를 포함하고 있지 않은 파일 처리

파일의 첫 번째 row에 column header가 없는 경우, 데이터의 첫 번째 row가 header로 처리됩니다. airportsNoHeaderRows.csv에는 공항 데이터가 포함되어 있지만 column header를 지정하는 row가 없습니다.

```
Seattle-Tacoma,Seattle,USA
Dulles,Washington,USA
Heathrow,London,United Kingdom
Schiphol,Amsterdam,Netherlands
Changi,Singapore,Singapore
Pearson,Toronto,Canada
Narita,Tokyo,Japan
```

csv 파일을 dataframe으로 로드합니다.

```
airports_df = pd.read_csv('airportsNoHeaderRows.csv')
airports_df

=== 결과 ===
```

```
        Seattle-Tacoma        Seattle         USA
0       Dulles Washington     USA
1       Heathrow        London United Kingdom
2       Schiphol        Amsterdam       Netherlands
3       Changi Singapore      Singapore
4       Pearson         Toronto         Canada
5       Narita Tokyo    Japan
```

이렇게 기본적으로 첫 row를 header row로 처리합니다. header row가 없는 경우
header=None을 지정하여, 데이터의 첫 번째 row가 header row로 처리되지 않도록 합니다.

```
airports_df = pd.read_csv(
                    'airportsNoHeaderRows.csv',
                    header=None
                    )
airports_df
```

```
=== 결과 ===
        0       1       2
0       Seattle-Tacoma        Seattle         USA
1       Dulles Washington     USA
2       Heathrow        London United Kingdom
3       Schiphol        Amsterdam       Netherlands
4       Changi Singapore      Singapore
5       Pearson         Toronto         Canada
6       Narita Tokyo    Japan
```

또한, header row가 없는 경우에는 names 파라미터를 사용하여, 데이터가 로드될 때 column
이름을 지정할 수 있습니다.

```
airports_df = pd.read_csv(
                    'airportsNoHeaderRows.csv',
                    header=None,
                    names=['Name', 'City', 'Country']
                    )
airports_df
```

```
=== 결과 ===
    Name    City    Country
```

```
0       Seattle-Tacoma        Seattle        USA
1       Dulles Washington     USA
2       Heathrow        London United  Kingdom
3       Schiphol        Amsterdam        Netherlands
4       Changi Singapore      Singapore
5       Pearson        Toronto        Canada
6       Narita Tokyo  Japan
```

데이터 파일의 누락된 값(missing value)

누락된 값은 DataFrame에 **NaN**으로 표시됩니다. SQL의 NULL과 유사합니다.

airportsBlankValues.csv에 Schiphol 공항으로 표시된 도시가 누락되어 있습니다.

```
Name,City,Country
Seattle-Tacoma,Seattle,USA
Dulles,Washington,USA
Heathrow,London,United Kingdom
Schiphol,,Netherlands
Changi,Singapore,Singapore
Pearson,Toronto,Canada
Narita,Tokyo,Japan
```

NaN 데이터가 포함된 csv를 로드합니다.

```
airports_df = pd.read_csv('airportsBlankValues.csv')
airports_df

=== 결과 ===
        Name    City    Country
0       Seattle-Tacoma        Seattle        USA
1       Dulles Washington     USA
2       Heathrow        London United  Kingdom
3       Schiphol        NaN        Netherlands
4       Changi Singapore      Singapore
5       Pearson        Toronto        Canada
6       Narita Tokyo  Japan
```

✅ 챗GPT 활용: python NaN에 대해서 알려줘

CSV 파일에 DataFrame을 쓰기

to_csv는 pandas DataFrame의 내용을 CSV 파일에 씁니다.

```
airports_df

=== 결과 ===
      Name   City   Country
0     Seattle-Tacoma      Seattle        USA
1     Dulles Washington   USA
2     Heathrow      London United Kingdom
3     Schiphol      NaN    Netherlands
4     Changi Singapore    Singapore
5     Pearson       Toronto       Canada
6     Narita Tokyo  Japan
```

```
airports_df.to_csv('MyNewCSVFile.csv')
```

index column(색인 컬럼)이 csv 파일에 기록됩니다.

index=False을 지정하면, CSV 파일에 index column을 추가하지 않습니다.

```
airports_df.to_csv(
              'MyNewCSVFileNoIndex.csv',
              index=False
              )
```

✅ 챗GPT 활용: python에서 to_csv()에 대해서 상세히 알려줘

머신러닝 강좌 - 8. Pandas DataFrame 컬럼(column) 분할(split)과 삭제(remove)

TL;DR

Pandas DataFrame에서 column을 분할하고 삭제하는 방법을 다룹니다. DataFrame에서 특정 column을 제거하려면 drop 함수를 사용하거나 특정 컬럼들만 조회해 별도의 DataFrame으로 만들 수 있습니다.

https://www.sqler.com/1096392

머신러닝을 수행하기 위해 데이터를 준비할 때, DataFrame에서 특정 column을 제거해야 하는 경우가 있습니다. 이런 작업을 pandas dataframe에서 수행하는 과정을 이번 강좌에서 진행합니다.

여러 column이 있는 더 큰 CSV 파일을 로드하겠습니다. flight_delays.csv는 항공편 및 비행 지연에 대한 정보를 제공하는 파일입니다. (github에서 clone 한 리포지토리에 존재합니다.)

"c9-python-getting-started/even-more-python-for-beginners-data-tools/08 - Removing and splitting DataFrame columns/" 경로에 flight_delays.csv 파일이 존재합니다.

```
import pandas as pd

delays_df = pd.read_csv('flight_delays.csv')
delays_df.head()
```

☑️ 챗GPT 활용: CSV 파일을 열고 컬럼 이름과 일부 데이터를 복사해 프롬프트에 "이 데이터를 분석해 줘"라고 입력하면 데이터를 유추합니다.

DataFrame에서 column 제거

머신러닝을 수행하기 위해 데이터를 준비할 때, DataFrame에서 특정 column을 제거해야 하는 경우가 있습니다.

예를 들어: 비행 지연 시간(ARR_DELAY)을 예측하기 위해 머신러닝 모델을 트레이닝한다고 가정합니다.

모델이 예정된 도착 시간(CRS_ARR_TIME)과 실제 도착 시간(ARR_TIME)을 알고 있는 경우 예측 모델은 ARR_DELAY = ARR_TIME - CRS_ARR_TIME을 신속하게 이해합니다.

향후 항공편의 도착 시간을 예측할 때, 도착 시간(ARR_TIME)에 대한 값이 없어야 하고, 따라서 ARR_DELAY를 예측하도록 모델을 훈련할 때 feature로 사용되지 않도록 DataFrame에서 이 column을 제거해야 합니다.

```
# DataFrame delays_df에서 ARR_TIME column을 제거

#delays_df = delays_df.drop(['ARR_TIME'],axis=1)
new_df = delays_df.drop(columns=['ARR_TIME'])
new_df.head()
```

inplace 파라미터를 사용하여 기존 DataFrame에서 바로 column을 삭제합니다.

```
# DataFrame delays_df에서 ARR_TIME column을 제거

#delays_df = delays_df.drop(['ARR_TIME'],axis=1)
delays_df.drop(columns=['ARR_TIME'], inplace=True)
delays_df.head()
```

일반적으로 정량적인 값(예를 들어, 거리, 분, 무게) 및 숫자가 아닐 수 있는 정성적인 값(예를 들어, 항공편이 출발 한 공항, 항공편을 운항 한 항공사 등)을 수치화된 값 기반으로 예측하기 위해 다양한 기술을 사용합니다. 정량적 데이터는 머신러닝 모델 트레이닝을 하기 전에 별도의 DataFrame으로 이동할 수 있습니다.

또한, 예측을 하기 원하는 라벨 값(ARR_DELAY)과 예측에 사용될 값들을 각각 분리된 DataFrame에 넣어서 예측 작업을 수월하게 진행할 수 있습니다. 예측에 사용될 데이터를 일반적으로, feature 데이터라고 부릅니다.

이 과정을 수행하려면, 기존 DataFrame의 column에서 새 DataFrame을 생성해야 합니다. SQL로 보면, SELECT INTO와 유사합니다.

```
# desc_df라는 새 DataFrame을 생성합니다.
# 모든 row와 다음 컬럼들을 포함해야 합니다.
# ORIGIN, DEST, OP_CARRIER_FL_NUM, OP_UNIQUE_CARRIER, TAIL_NUM

desc_df = delays_df.loc[:,['ORIGIN', 'DEST', 'OP_CARRIER_FL_NUM',
'OP_UNIQUE_CARRIER', 'TAIL_NUM']]
desc_df.head()

=== 결과 ===
      ORIGIN DEST  OP_CARRIER_FL_NUM  OP_UNIQUE_CARRIER   TAIL_NUM
0     ABQ    BWI   802                WN                  N221WN
1     ABQ    BWI   3744               WN                  N8329B
2     ABQ    DAL   1019               WN                  N920WN
3     ABQ    DAL   1499               WN                  N480WN
4     ABQ    DAL   3635               WN                  N227WN
```

머신러닝 강좌 - 9. 중복데이터와 결측값(missing value) 처리

TL;DR

Pandas를 사용하여 중복 데이터와 결측값을 처리하는 방법을 다룹니다. 결측값이 있는 행은 dropna 함수를 사용하여 삭제할 수 있으며, 중복된 행은 duplicated 함수와 drop_duplicates 함수를 사용하여 처리할 수 있습니다.

https://www.sqler.com/1096408

대부분의 머신러닝 알고리즘은 missing value을 발견하면 오류를 리턴합니다. 따라서 DataFrame에서 missing value가 있는 row를 제거해야 합니다.

항공편 지연 데이터셋에는 항공편 및 항공편 지연에 대한 정보가 포함되어 있습니다.

```
import pandas as pd

delays_df = pd.read_csv('Lots_of_flight_data.csv')
delays_df.head()
```

info는 DataFrame에 있는 row 수와 각 column에 대해 Null이 아닌 값의 수를 표시합니다. 이를 통해 어떤 column에 null값(missing value)이 있는지 확인할 수 있습니다.

```
delays_df.info()

=== 결과 ===
<class 'pandas.core.frame.DataFrame'>
RangeIndex: 300000 entries, 0 to 299999
```

```
Data columns (total 16 columns):
 #   Column              Non-Null Count    Dtype
---  ------              --------------    -----
 0   FL_DATE             300000 non-null   object
 1   OP_UNIQUE_CARRIER   300000 non-null   object
 2   TAIL_NUM            299660 non-null   object
 3   OP_CARRIER_FL_NUM   300000 non-null   int64
 4   ORIGIN              300000 non-null   object
 5   DEST                300000 non-null   object
 6   CRS_DEP_TIME        300000 non-null   int64
 7   DEP_TIME            296825 non-null   float64
 8   DEP_DELAY           296825 non-null   float64
 9   CRS_ARR_TIME        300000 non-null   int64
 10  ARR_TIME            296574 non-null   float64
 11  ARR_DELAY           295832 non-null   float64
 12  CRS_ELAPSED_TIME    300000 non-null   int64
 13  ACTUAL_ELAPSED_TIME 295832 non-null   float64
 14  AIR_TIME            295832 non-null   float64
 15  DISTANCE            300000 non-null   int64
dtypes: float64(6), int64(5), object(5)
memory usage: 36.6+ MB
```

이렇게 결과가 출력됩니다.

TAIL_NUM, DEP_TIME, DEP_DELAY, ARR_TIME, ARR_DELAY,
ACTUAL_ELAPSED_TIME, AIR_TIME - 이 column들에 missing value가 포함되어 있습니다.

Missing value를 처리하는 많은 방법이 있으며, 가장 간단한 방법은 missing value가 있는 행을
삭제하는 것입니다. **dropna**는 null(missing value) 값이 포함된 행을 삭제합니다.

```
delay_no_nulls_df = delays_df.dropna() # Missing values가 있는 row 삭제
delay_no_nulls_df.info()  # 확인을 위해 전체 row의 수와 Non-null value
수를 체크
```

=== 결과 ===
```
<class 'pandas.core.frame.DataFrame'>
Int64Index: 295832 entries, 0 to 299999
Data columns (total 16 columns):
 #   Column              Non-Null Count    Dtype
---  ------              --------------    -----
 0   FL_DATE             295832 non-null   object
 1   OP_UNIQUE_CARRIER   295832 non-null   object
```

```
 2   TAIL_NUM               295832 non-null   object
 3   OP_CARRIER_FL_NUM      295832 non-null   int64
 4   ORIGIN                 295832 non-null   object
 5   DEST                   295832 non-null   object
 6   CRS_DEP_TIME           295832 non-null   int64
 7   DEP_TIME               295832 non-null   float64
 8   DEP_DELAY              295832 non-null   float64
 9   CRS_ARR_TIME           295832 non-null   int64
 10  ARR_TIME               295832 non-null   float64
 11  ARR_DELAY              295832 non-null   float64
 12  CRS_ELAPSED_TIME       295832 non-null   int64
 13  ACTUAL_ELAPSED_TIME    295832 non-null   float64
 14  AIR_TIME               295832 non-null   float64
 15  DISTANCE               295832 non-null   int64
dtypes: float64(6), int64(5), object(5)
memory usage: 38.4+ MB
```

원본 DataFrame을 유지할 필요가 없는 경우는 새 DataFrame을 만드는 대신 원본 DataFrame의 row를 삭제하면 됩니다.

inplace=True는 지정된 DataFrame에서 row를 삭제합니다.

```
delays_df.dropna(inplace=True)
delays_df.info()
```

```
=== 결과 ===
<class 'pandas.core.frame.DataFrame'>
Int64Index: 295832 entries, 0 to 299999
Data columns (total 16 columns):
 #   Column                 Non-Null Count    Dtype
---  ------                 --------------    -----
 0   FL_DATE                295832 non-null   object
 1   OP_UNIQUE_CARRIER      295832 non-null   object
 2   TAIL_NUM               295832 non-null   object
 3   OP_CARRIER_FL_NUM      295832 non-null   int64
 4   ORIGIN                 295832 non-null   object
 5   DEST                   295832 non-null   object
 6   CRS_DEP_TIME           295832 non-null   int64
 7   DEP_TIME               295832 non-null   float64
```

```
 8   DEP_DELAY              295832 non-null   float64
 9   CRS_ARR_TIME           295832 non-null   int64
10   ARR_TIME               295832 non-null   float64
11   ARR_DELAY              295832 non-null   float64
12   CRS_ELAPSED_TIME       295832 non-null   int64
13   ACTUAL_ELAPSED_TIME    295832 non-null   float64
14   AIR_TIME               295832 non-null   float64
15   DISTANCE               295832 non-null   int64
dtypes: float64(6), int64(5), object(5)
memory usage: 38.4+ MB
```

여러 데이터 소스에서 데이터를 로드하면 중복 row가 생길 수 있습니다.

```
airports_df = pd.read_csv('airportsDuplicateRows.csv')
airports_df.head()

=== 결과 ===
       Name    City    Country
0      Seattle-Tacoma      Seattle         USA
1      Dulles Washington   USA
2      Dulles Washington   USA
3      Heathrow        London United Kingdom
4      Schiphol        Amsterdam       Netherlands
```

duplicates를 사용하면 중복 row를 찾아냅니다. row가 이전 row와 중복되면 True를
리턴합니다.

```
airports_df.duplicated()

=== 결과 ===
0      False
1      False
2       True
3      False
4      False
5      False
6      False
7      False
dtype: bool
```

drop_duplicates는 중복 row를 삭제합니다.

```
airports_df.drop_duplicates(inplace=True)
airports_df

=== 결과 ===
Name    City    Country
0       Seattle-Tacoma      Seattle         USA
1       Dulles Washington   USA
3       Heathrow        London United Kingdom
4       Schiphol        Amsterdam       Netherlands
5       Changi Singapore    Singapore
6       Pearson         Toronto         Canada
7       Narita Tokyo    Japan
```

반드시 결측값을 삭제할 필요는 없습니다. 여러 방법으로, 결측값을 효과적으로 메우는(?) 다양한 방법도 존재합니다. 예를 들어, 평균값을 넣거나, 결측값을 채우기 위한 머신러닝 작업을 수행해, 결측값을 채우는 방법도 있습니다.

머신러닝 강좌 - 10. 머신러닝을 위해 scikit-learn으로 트레이닝 데이터와 테스트 데이터 분할

TL;DR

scikit-learn을 사용하여 머신러닝 학습을 위해 트레이닝 데이터와 테스트 데이터를 분할하는 방법을 다룹니다. 머신러닝에 사용할 feature와 label을 분할하고, train_test_split 함수를 사용하여 학습 데이터와 테스트 데이터를 각각 X_train, X_test, y_train, y_test에 저장합니다. 이 데이터를 이용해 머신러닝 모델을 학습하고 테스트할 수 있습니다.
https://www.sqler.com/1096417

학습(training) 및 테스트(test) 데이터 분할

머신러닝 모델을 트레이닝할 때, 데이터를 학습 및 테스트 데이터셋으로 분할해야 할 수 있습니다. 이 작업을 수행하기 위해 보통 scikit-learn(https://scikit-learn.org/stable/) 라이브러리를 사용합니다. scikit-learn은 데이터 전처리 및 머신러닝 모델 생성과 같은 Data Science를 위한 오픈 소스 - BSD 라이선스 라이브러리입니다.

☑️ 챗GPT 활용: scikit-learn에 대해서 알려줘

학습 데이터셋과 테스트 데이터셋을 분할하려면 먼저 데이터를 준비해야 합니다.

항공편 및 항공편 지연에 대한 정보가 포함된 csv 파일을 로드하고, shape를 사용하여 DataFrame에 있는 row와 column 수를 확인합니다. 아래 csv 파일은 이곳 github 리포지토리(https://github.com/CloudBreadPaPa/c9-python-getting-started/tree/master/even-more-python-for-beginners-data-tools/)에서 보실 수 있습니다.

```
import pandas as pd

delays_df = pd.read_csv('Lots_of_flight_data.csv')
delays_df.shape

=== 결과 ===
(300000, 16)
```

☑ 챗GPT 활용: 머신러닝에서 데이터를 분할하는 이유를 알려줘

데이터를 feature와 label로 분할

모델 트레이닝에 사용할 feature column만 포함하는 X라는 DataFrame을 생성합니다.

참고로 숫자 값만 feature로 사용할 수 있습니다. 숫자가 아닌 값이 있는 경우에는, hot encoding과 같은 다른 기술을 적용하여 모델을 트레이닝하기 전에 숫자 값으로 변환해야 합니다. 자세한 내용은 이후 진행될 강좌를 참고하세요.

```
X = delays_df.loc[:,['DISTANCE', 'CRS_ELAPSED_TIME']]
X.head()

=== 결과 ===
     DISTANCE     CRS_ELAPSED_TIME
0       1670      225
1       1670      225
2        580      105
3        580      105
4        580      100
```

모델로 예측하려는 값만 포함된 y라는 DataFrame을 생성합니다.

우리는 비행기가 몇 분 늦게(또는 일찍) 도착할지를 예측하려 합니다. 이 정보는 ARR_DELAY column에 있습니다.

```
y = delays_df.loc[:,['ARR_DELAY']]
y.head()
```

```
=== 결과 ===
     ARR_DELAY
0     -17.0
1     -25.0
2     -13.0
3     -12.0
4      -7.0
```

학습(training) 및 테스트(test) 데이터 분할

scikitlearn train_test_split을 사용해 row의 30%를 Test DataFrame으로 분할하고, 나머지 70 %의 row는 모델 트레이닝에 사용할 수 있는 training DataFrame으로 분할합니다.

참고 : random_state 값을 지정하여 코드를 다시 실행하면, 동일한 row가 DataFrame들로 분할되어 이동됩니다. 이 방법을 이용해 결과를 반복할 수 있습니다.

윈도의 anaconda 명령창이나 WSL(리눅스)의 bash 쉘에서 아래 명령을 수행해 scikit-learn 패키지를 설치합니다. 잊지 마시고, 반드시 해당 conda 환경에 설치하셔야 합니다.

```
pip install scikit-learn
```

Python 코드를 수행합니다.

```
from sklearn.model_selection import train_test_split

X_train, X_test, y_train, y_test = train_test_split(
                                X,
                                y,
                                test_size=0.3,
                                random_state=42
                                )
```

전체 row들의 70%를 포함하는 X_train DataFrame이 있습니다. 이 DataFrame을 사용하여 다음 강좌에서 모델을 트레이닝합니다.

```
X_train.shape
```

```
=== 결과 ===
(210000, 2)
```

DataFrame X_test에는 전체 row들의 나머지 30%가 포함되어 있습니다.

이 DataFrame을 사용하여 트레이닝 완료 된 모델을 테스트해 트레이닝 모델의
정확도(accuracy)를 확인할 수 있습니다.

```
X_test.shape
```

```
=== 결과 ===
(90000, 2)
```

X_train과 X_test에는 feature들이 포함되어 있습니다.

DISTANCE 및 CRS_ELAPSED_TIME 두 개의 feature들은 항공편이 얼마나 늦게 도착할지
예측하는 데 도움이 될 것으로 예상되는 column들입니다.

```
X_train.head()
```

```
=== 결과 ===
        DISTANCE      CRS_ELAPSED_TIME
186295 237        60
127847 411        111
274740 342        85
74908  1005       164
11630  484        100
```

DataFrame y_train에는 row들의 70 %가 포함되어 있습니다. 이 label DataFrame을
사용하여 모델을 학습합니다.

원본 DataFrame을 유지할 필요가 없다면, DataFrame을 새로 만드는 대신, 기존 DataFrame
내의 row를 삭제하면 됩니다. **inplace=True**는 지정된 DataFrame에서 row를 삭제합니다.

```
y_train.shape
```

```
=== 결과 ===
(210000, 1)
```

DataFrame y_test에는 row들의 나머지 30 %가 포함됩니다. 이 DataFrame을 사용하여 트레이닝된 모델을 테스트하면, 모델의 정확도(accuracy)를 확인할 수 있습니다.

```
y_test.shape

=== 결과 ===
(90000, 1)
```

y_train 및 y_test에는 라벨값(label)이 포함되어 있습니다.

이 label feature(ARR_DELAY)로 학습된 모델에 대해 예측을 실행합니다.

참고: ARR_DELAY 값이 음수이면 항공편이 일찍 도착했음을 나타냅니다.

```
y_train.head()

=== 결과 ===
        ARR_DELAY
186295  -7.0
127847  -16.0
274740  -10.0
74908   -19.0
11630   -13.0
```

수고하셨습니다. 다음 강좌에서는 실제 머신러닝 트레이닝 과정을 진행토록 하겠습니다.

머신러닝 강좌 - 11. scikit-learn으로 선형회귀(linear regression) 모델 머신러닝 트레이닝 수행

TL;DR

scikit-learn의 LinearRegression 모델을 사용하여 선형회귀(linear regression) 모델 머신러닝 트레이닝을 수행합니다. 데이터를 준비하고, LinearRegression.fit 메서드를 사용하여 트레이닝 데이터를 기반으로 모델을 훈련하며 모델은 regressor 객체에 저장됩니다.

https://www.sqler.com/1096439

선형회귀 머신러닝 알고리즘

선형 회귀(Linear regression)(https://en.wikipedia.org/wiki/Linear_regression)는 데이터셋을 기반으로 값을 예측하는 일반적인 알고리즘입니다.

☑ 챗GPT 활용: 머신러닝 분류와 회귀 차이
☑ 챗GPT 활용: 선형회귀 알고리즘에 대해서 알려줘

일반적인 클래스와 함수

- LinearRegression은 선형 모델에 적합합니다.
- LinearRegression.fit을 사용하여 트레이닝 데이터를 기반으로 선형 모델을 트레이닝합니다.

215

선형 회귀(linear regression) 알고리즘으로 모델 트레이닝

데이터를 준비하고 모델 트레이닝을 진행합니다. scikit-learn에는 머신러닝 모델 트레이닝을 위해 호출할 수 있는 여러 라이브러리와 메서드가 있습니다. 이 노트북에서는 scikit-learn 라이브러리의 LinearRegression 모델을 사용합니다.

데이터 로드, null 값이 모두 제거, feature 및 label이 별도의 트레이닝 및 테스트 데이터셋으로 분할된 DataFrame이 필요합니다. 따라서 이전 노트북의 명령을 빠르게 다시 실행하여 시작합니다.

```python
import pandas as pd
from sklearn.model_selection import train_test_split

# CSV 파일에서 데이터를 로드
delays_df = pd.read_csv('Lots_of_flight_data.csv')

# null값을 제거 - null값이 있으면 트레이닝 과정에서 문제를 유발할 수
있습니다.
delays_df.dropna(inplace=True)

# Feature column들을 X DataFrame으로 이동
X = delays_df.loc[:,['DISTANCE', 'CRS_ELAPSED_TIME']]

# Label column을 y DataFrame으로 이동
y = delays_df.loc[:,['ARR_DELAY']]

# 데이터를 트레이닝 데이터셋과 테스트 데이터셋으로 분리
X_train, X_test, y_train, y_test = train_test_split(
                                        X,
                                        y,
                                        test_size=0.3,
                                        random_state=42
                                        )
```

scikit-learn의 **Linear Regression fit** 메서드를 사용하여 X_train 및 y_train에 저장된 트레이닝 데이터를 기반으로 선형 회귀(linear regression) 모델 트레이닝을 시작합니다.

```python
from sklearn.linear_model import LinearRegression
```

```
regressor = LinearRegression()        # scikit learn LinearRegression 개체
생성
regressor.fit(X_train, y_train)        # fit 메서드를 사용해 모델 트레이닝
실행

=== 실행결과 ===
LinearRegression(copy_X=True, fit_intercept=True, n_jobs=None,
normalize=False)
```

머신러닝 트레이닝 과정이 완료되었습니다. 이제, regressor 객체에는 트레이닝된 선형
회귀(Linear Regression) 모델이 포함되어 있습니다.

머신러닝 강좌 - 12. 머신러닝 모델 테스트

TL;DR

모델 테스트는 모델이 생성된 후 모델을 평가하는
과정입니다. 이를 위해 테스트 데이터를 사용하여 예측
결과를 확인하고, 예측값과 실제값을 비교하여 모델의
정확도를 평가합니다. 모델의 predict 메서드를
사용하여 테스트 데이터의 값을 예측하고, 예측 결과를
y_pred에 저장하였습니다. 예측값과 실제값은
y_pred와 y_test로 비교할 수 있습니다.
https://www.sqler.com/1096459

모델 테스트(model test)

모델이 생성되면 값을 예측하는 데 사용할 수 있습니다. 새로운 값을 제공하여 예측 결과 범주의
어디에 해당하는지 확인할 수 있고, 생성된 모델을 테스트할 수도 있습니다. 트레이닝이 완료된
모델을 만들기 위해, 이전 노트북의 코드를 다시 실행합니다.

```
import pandas as pd
from sklearn.model_selection import train_test_split
from sklearn.linear_model import LinearRegression

# CSV 파일에서 데이터를 로드
delays_df = pd.read_csv('Lots_of_flight_data.csv')

# null값을 제거 - null값이 있으면 트레이닝 과정에서 문제를 유발할 수
있습니다.
delays_df.dropna(inplace=True)

# Feature column들을 X DataFrame으로 이동
```

```
X = delays_df.loc[:,['DISTANCE', 'CRS_ELAPSED_TIME']]

# Label column을 y DataFrame으로 이동
y = delays_df.loc[:,['ARR_DELAY']]

# 데이터를 트레이닝 데이터셋과 테스트 데이터셋으로 분리
X_train, X_test, y_train, y_test = train_test_split(
                                        X,
                                        y,
                                        test_size=0.3,
                                        random_state=42
                                        )

regressor = LinearRegression()      # scikit learn LinearRegression 개체
생성
regressor.fit(X_train, y_train)     # fit 메서드를 사용해 모델 트레이닝
실행

=== 실행결과 ===
LinearRegression(copy_X=True, fit_intercept=True, n_jobs=None,
normalize=False)
```

모델 테스트

scikit-learn, LinearRegression, predict 메서드를 사용하여 트레이닝된 모델이 테스트 데이터의 값을 예측하도록 합니다.

위의 코드에서 테스트 데이터는 X_Test에 저장했습니다. 예측 결과를 y_pred에 저장합니다.

```
y_pred = regressor.predict(X_test)
y_pred

=== 결과 ===
array([[3.47739078],
       [5.89055919],
       [4.33288464],
       ...,
       [5.84678979],
       [6.05195889],
       [5.66255414]])
```

데이터를 트레이닝 및 테스트 데이터셋으로 분할할 때, DataFrame y_test에 테스트 데이터의 각 row에 대한 실제 label 값을 저장했습니다. y_pred의 값을 y_test의 값과 비교하면 model이 도착 지연을 얼마나 정확하게 예측했는지 알 수 있습니다.

```
y_test

=== 결과 ===
        ARR_DELAY
291483 -5.0
98997  -12.0
23454  -9.0
110802 -14.0
49449  -20.0
...     ...
209898 -20.0
22210  -9.0
165727 -6.0
260838 -33.0
192546 0.0
88750 rows × 1 columns
```

수고하셨습니다. 다음 챕터에서는 이 테스트 결과를 통해, 모델의 정확도를 평가하는 방법에 대해서 소개해 드리겠습니다.

머신러닝 강좌 - 13. 모델의 정확도 평가(accuracy evaluating)

TL;DR

모델의 정확도를 평가하는 여러 메트릭이 있습니다.
Mean Squared Error (MSE), Root Mean Squared
Error (RMSE), Mean Absolute Error (MAE),
R-Squared과 같은 메트릭이 있고, 이러한 메트릭은
scikit-learn의 함수들을 사용하면 쉽게 계산할 수
있습니다.
https://www.sqler.com/1096470

모델을 트레이닝한 후에는 모델의 accuracy를 파악해야 합니다. 모델의 accuracy는, 모델에 의한 예측을 얼마나 확신(confidence) 할 수 있는지에 대한 정보를 제공합니다.

scikit-learn 및 numpy 라이브러리는 책 한 권 나올 정도로 많이 쓰이고 중요한 pydata의 패키지 라이브러리입니다. 또한, 이번 강좌에서 진행될 모델 accuracy 측정에도 유용합니다.

지금까지 트레이닝된 linear regression 모델을 다시 생성합니다.

```python
import pandas as pd
from sklearn.model_selection import train_test_split
from sklearn.linear_model import LinearRegression

# CSV 파일에서 데이터를 로드
delays_df = pd.read_csv('Lots_of_flight_data.csv')

# null값을 제거 - null값이 있으면 트레이닝 과정에서 문제를 유발할 수
있습니다.
```

```
delays_df.dropna(inplace=True)

# Feature column들을 X DataFrame으로 이동
X = delays_df.loc[:,['DISTANCE', 'CRS_ELAPSED_TIME']]

# Label column을 y DataFrame으로 이동
y = delays_df.loc[:,['ARR_DELAY']]

# 데이터를 트레이닝 데이터셋과 테스트 데이터셋으로 분리
X_train, X_test, y_train, y_test = train_test_split(
                                        X,
                                        y,
                                        test_size=0.3,
                                        random_state=42
                                    )

regressor = LinearRegression()       # scikit learn LinearRegression 개체
생성
regressor.fit(X_train, y_train)      # fit 메서드를 사용해 모델 트레이닝
실행

y_pred = regressor.predict(X_test)
```

이렇게 model을 통해 predict 된 결과를 y_pred로 얻었습니다.

Accuracy 측정

트레이닝된 모델이 있으므로 모델의 accuracy를 확인하는 데 사용할 수 있는, 여러
메트릭(metric)이 있습니다. 이 메트릭 항목은 모두 수학적 계산을 수행합니다. 여기서 중요한
점은 모든 것을 우리가 직접 계산할 필요가 없다는 것입니다. Scikit-learn과 numpy는 대부분의
작업을 대신 수행합니다.

Mean Squared Error(평균 제곱 오차 - MSE)

MSE는 결과를 예측할 때 모델이 수행 한 Mean Squared Error입니다. MSE가 낮을수록 좋은
모델입니다. MSE는 실제 label 값과 모델에서 predict 한 값 간의 Mean Squared 차이입니다.

MSE = mean((label값-예측값)^2)

이 계산을 수행하기 위해 label 값과 precit 값을 반복 비교하는 코드를 작성할 수 있지만, 전혀 그럴 필요는 없습니다! scikit-learn 라이브러리에서 **mean_squared_error**를 사용하면 됩니다.

```
from sklearn import metrics
print('Mean Squared Error:', metrics.mean_squared_error(y_test,
y_pred))

=== 실행결과 ===
Mean Squared Error: 2250.4445141530855
```

Root Mean Squared Error(평균 제곱근 오차 - RMSE)

RMSE는 결과를 예측할 때 모델에서 수행 한 average error입니다. RMSE가 낮을수록 좋은 모델입니다. 수학적으로 RMSE는 Root Mean Squared 차이입니다.

RMSE = sqrt(MSE)

scikit learn에는 RMSE에 대한 함수가 없지만 MSE의 제곱근(square root)이기 때문에, 많은 수학적 함수가 포함된 numpy 라이브러리를 사용하여 MSE의 제곱근을 쉽게 계산할 수 있습니다.

```
import numpy as np
print('Root Mean Squared Error:',
np.sqrt(metrics.mean_squared_error(y_test, y_pred)))
```

Mean Absolute Error(평균 절대 오차 - MAE)

MAE는 예측 오류(predict error)를 측정합니다. MAE가 낮을수록 좋은 모델입니다. Label 값과 예측된 결과의 average absolute 차이입니다.

MAE = mean(abs(label값-예측값))

MAE는 RMSE에 비해 특이값(outliers)에 덜 민감합니다. scikit-learn 라이브러리에서 mean_absolute_error를 사용하여 RMSE를 계산합니다.

```
print('Mean absolute error: ',metrics.mean_absolute_error(y_test,
y_pred))
```

R^2 또는 R-Squared(제곱)

R Squared는 predict variable로 설명되는 결과의 변동 비율(proportion of variation)입니다.
모델에 전달된 값이 예측 값에 얼마나 영향을 미치는지를 나타냅니다. R-Squared가 높을수록
모델이 더 좋습니다. scikit-learn 라이브러리에서 r2_score를 사용하여 R-Squared를
계산합니다.

```
print('R^2: ',metrics.r2_score(y_test, y_pred))
```

모델마다 accuracy를 측정하는 방법이 다릅니다. scikit-learn 및 numpy는 정확도 측정에
도움이 되는 다양한 기능을 제공합니다.

머신러닝 강좌 - 14. NumPy와 Pandas

TL;DR

numpy array와 pandas DataFrame의 차이점과 상호 변환 방안에 대해 살펴봅니다. numpy array 1차원 배열은 pandas의 series와 유사하며, 2차원 배열은 pandas DataFrame과 유사합니다. numpy array와 pandas 개체 변환을 이용해 각각의 기능을 활용할 수 있습니다.

https://www.sqler.com/1096480

numpy array에서 pandas DataFrames로 데이터 옮기기

지난 notebook에서 머신러닝 모델을 트레이닝하고 실제 label 결과와 predict 된 결과를 비교했습니다.

아마도, 일부 불분명한 부분은 이 작업을 수행했을 때 numpy array와 pandas DataFrame이라는 두 개의 다른 객체로 작업했던 부분일 것입니다.

더 자세히 알아보기 위해 이전 notebook의 코드를 다시 실행해 트레이닝된 모델을 만들고 테스트 데이터에 대한 예측 값을 가져오겠습니다.

```
import pandas as pd
from sklearn.model_selection import train_test_split
from sklearn.linear_model import LinearRegression

# CSV 파일에서 데이터를 로드
delays_df = pd.read_csv('Lots_of_flight_data.csv')

# null값을 제거 - null값이 있으면 트레이닝 과정에서 문제를 유발할 수
있습니다.
```

```
delays_df.dropna(inplace=True)

# Feature column들을 X DataFrame으로 이동
X = delays_df.loc[:,['DISTANCE', 'CRS_ELAPSED_TIME']]

# Label column을 y DataFrame으로 이동
y = delays_df.loc[:,['ARR_DELAY']]

# 데이터를 트레이닝 데이터셋과 테스트 데이터셋으로 분리
X_train, X_test, y_train, y_test = train_test_split(
                                        X,
                                        y,
                                        test_size=0.3,
                                        random_state=42
                                        )

regressor = LinearRegression()        # scikit Learn LinearRegression 개체
생성
regressor.fit(X_train, y_train)       # fit 메서드를 사용해 모델 트레이닝
실행

y_pred = regressor.predict(X_test)
```

마지막 노트북에서 predict(예측된) 값의 내용을 y_pred에 로드하고, 실제(label) 값을 y_test에 로드할 때 출력이 다르게 표시되는 것을 확인했을 수 있습니다.

```
y_pred
=== 결과 ===

array([[3.47739078],
       [5.89055919],
       [4.33288464],
       ...,
       [5.84678979],
       [6.05195889],
       [5.66255414]])


y_test
=== 결과 ===
```

```
         ARR_DELAY
291483 -5.0
98997  -12.0
23454  -9.0
110802 -14.0
49449  -20.0
...       ...
209898 -20.0
22210  -9.0
165727 -6.0
260838 -33.0
192546 0.0
88750 rows × 1 columns
```

type()을 사용하여 객체의 데이터 유형을 확인할 수 있습니다.

```
type(y_pred)

=== 결과 ===
numpy.ndarray
```

```
type(y_test)

=== 결과 ===
pandas.core.frame.DataFrame
```

즉,

- y_pred는 numpy array입니다.
- y_test는 pandas DataFrame입니다.

y_pred에서 head 메서드를 사용하는 경우에도 이 차이를 확인할 수 있습니다.

head는 DataFrame 클래스의 메서드이고, numpy 배열의 메서드가 아니므로 에러가 리턴됩니다.

```
y_pred.head()

=== 결과 ===
--------------------------------------------------------------------------
----
AttributeError                               Traceback (most recent call
last)
<ipython-input-15-05146ec42336> in <module>
----> 1 y_pred.head()

AttributeError: 'numpy.ndarray' object has no attribute 'head'
```

1차원 numpy array는 pandas의 series와 유사합니다.

```
import numpy as np

airports_array = np.array(['Pearson','Changi','Narita'])
print(airports_array)
print(airports_array[2])

=== 결과 ===
['Pearson' 'Changi' 'Narita']
Narita
```

```
airports_series = pd.Series(['Pearson','Changi','Narita'])
print(airports_series)
print(airports_series[2])

=== 결과 ===
0      Pearson
1       Changi
2       Narita
dtype: object
Narita
```

2차원 numpy array는 pandas DataFrame과 유사합니다.

```
airports_array = np.array([
```

```
  ['YYZ','Pearson'],
  ['SIN','Changi'],
  ['NRT','Narita']])
print(airports_array)
print(airports_array[0,0])

=== 결과 ===
[['YYZ' 'Pearson']
 ['SIN' 'Changi']
 ['NRT' 'Narita']]
YYZ
```

```
airports_df =
pd.DataFrame([['YYZ','Pearson'],['SIN','Changi'],['NRT','Narita']])
print(airports_df)
print(airports_df.iloc[0,0])

=== 결과 ===
     0        1
0  YYZ  Pearson
1  SIN   Changi
2  NRT   Narita
YYZ
```

DataFrame의 기능이 필요한 경우, 데이터를 numpy 개체에서 pandas 개체로 또는 그 반대로 변환할 수 있습니다.

아래 예제처럼, DataFrame 생성자를 사용하여 numpy 배열 y_pred의 내용을 predicted_df라는 DataFrame으로 로드합니다. 바로 이어서, DataFrame 개체의 함수들을 사용할 수 있습니다.

```
predicted_df = pd.DataFrame(y_pred)
predicted_df.head()

=== 결과 ===
        0
0   3.477391
1   5.890559
2   4.332885
```

| 3 | 3.447476 |
| 4 | 5.072394 |

머신러닝 강좌 - 15. Matplotlib으로 데이터 시각화(visualization)

TL;DR

Matplotlib은 데이터 시각화 기능을 제공하는 라이브러리입니다. 데이터를 DataFrame에 로드한 후, plot 메서드를 사용하여 scatter plot을 그릴 수 있습니다. 상관 관계가 낮은 경우 점들이 흩어지고, 상관 관계가 있는 경우 패턴이 보입니다. 이를 통해 데이터의 특성을 시각적으로 확인할 수 있습니다.
https://www.sqler.com/1096489

Matplotlib으로 데이터 시각화

Matplotlib(https://matplotlib.org/)는 데이터를 시각화에 사용할 수 있는 차트 그리기 기능을 제공합니다.

일반적인 도구와 함수

- pyplot MATLAB과 유사한 plot을 그리는 기능을 제공합니다.
- pyplot.plot 그래프 도식화(plot) 기능을 제공합니다.
- pyplot.show 그래프와 같은 이미지를 디스플레이합니다.
- pyplot.scatter는 산포도(scatter plot)를 생성할 때 사용되며, 두 데이터셋의 관계를 디스플레이할 때 보통 사용합니다.

많은 경우, 그래프는 데이터를 시각화하는 최선의 방법입니다. matplotlib 라이브러리를 사용하면 데이터를 시각화하는 그래프를 쉽게 그릴 수 있습니다.

데이터를 시각화하려면 데이터를 DataFrame에 로드해야 합니다.

```python
import pandas as pd

# Load our data from the csv file
delays_df = pd.read_csv('Lots_of_flight_data.csv')
```

matplotlib 라이브러리를 설치합니다. 윈도에서는 anaconda 명령창에서, WSL(리눅스)에서는 bash 쉘에서 수행합니다.

잊지 마시고, 반드시 노트북을 실행하는 conda 환경에 설치해야 합니다.

```
pip install matplotlib
```

plot을 디스플레이하려면 matplotlib 라이브러리를 import 해야 합니다.

```python
import matplotlib.pyplot as plt
```

Data science에서 사용되는 일반적인 plot은 두 column들 사이의 관계를 확인할 때 사용하는 산포도(scatter plot)입니다. 만약, 점(point)들이 사방에 흩어져있는 경우, 두 column들은 상관관계(correlation)가 적은 것이고, 선과 유사한 패턴이 보이면 상관관계가 있는 것입니다.

DataFrame의 plot 메서드를 사용하여 scatter plot을 그릴 수 있습니다.

- kind - 그리려 하는 그래프의 타입
- x - x로 표시할 값
- y - y로 표시할 값
- color - 그래프 점(point)에 사용할 색상
- alpha - 투명도 - 산점도에서 점의 밀도(density)를 표시하는 데 유용합니다.
- title - 그래프의 제목

```python
# 비행 거리(DISTANCE)와 비행기 도착 딜레이 시간(ARR_DELAY) feature 사이에
```

232

```
delays_df.plot(
            kind='scatter',
            x='DISTANCE',
            y='ARR_DELAY',
            color='blue',
            alpha=0.3,
            title='Correlation of arrival and distance'
            )
plt.show()
```

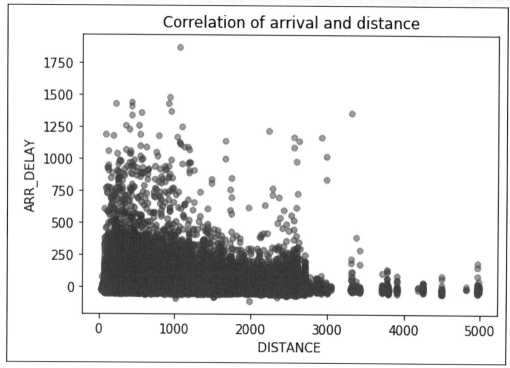

점들이 흩어져있습니다. - 상관관계가 낮습니다.


```
# 항공편 출발 시간(DEP_DELAY)과 도착 딜레이 시간(ARR_DELAY) 사이에
상관관계가 있는지 체크
delays_df.plot(
            kind='scatter',
            x='DEP_DELAY',
            y='ARR_DELAY',
            color='blue',
```

```
                alpha=0.3,
                title='Correlation of arrival and departure delay'
            )
plt.show()
```

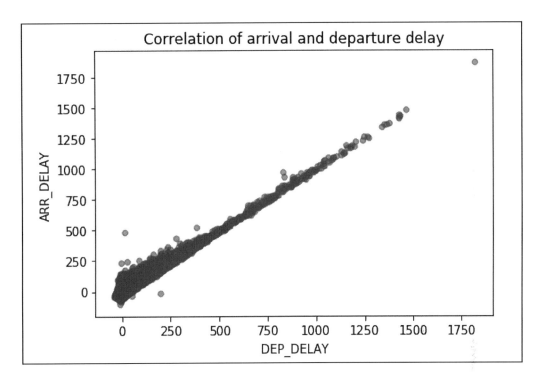

plot의 결과는 일정한 패턴을 보이고 있습니다.

scatter plot을 통해 거리와 도착 지연 시간 사이에는 상관관계가 없지만 출발 지연 시간과 도착 지연 시간 사이에는 상관관계가 높다는 것을 확인할 수 있습니다.

☑ 챗GPT 활용: Python matplotlib으로 막대차트 그리는 코드 예제를 알려줘

이것으로, 기본 머신러닝 강좌가 모두 종료되었습니다. 수고하셨습니다.

책을 마치며

우리 모두 코딩을 시작한 어느 순간이 있습니다. 저처럼 처음 8bit PC MSX가 동네 매장에 진열되었을 때 줄 서서 구경하면서 코딩했던 순간일 수도 있고, 어쩌면 학교의 PC실에서, 혹은 이 책과 인터넷을 통해 코딩의 세계를 처음 접한 순간이었을지도 모릅니다. 바로 그 순간부터 코드는 우리의 삶을 변화시키기 시작했습니다.

하루하루 새로운 IT 비즈니스가 생겨나며 기술이 발전하고 있습니다. 스마트폰, 인공지능, 빅데이터, 클라우드 컴퓨팅 등의 기술들은 이제 우리의 하루하루를 책임지는 필수재입니다. 챗GPT와 같은 인공지능 기술은 끝을 모르게 발전하고 있으며, 앞으로 만들어질 기술들은 우리에게 더욱 혁신적인 경험을 제공할 것입니다. 시간이 지나 우리 아이들이 코딩을 배울 때가 되면 그때는 사뭇 다른 시대가 되어 있을 것입니다. 어쩌면 이미 코딩이라는 도구가 필요 없을 수도 있겠네요.

코드는 한 사람 한 사람의 가능성과 꿈을 현실화하는 훌륭한 도구입니다. 코드로 우리는 애플리케이션을 만들고 수백만 명이 사용하는 시스템을 구축하며, 혁신적인 세상을 바꿀 아이디어를 코드로 구현할 수 있습니다.

어떻게 코드로 더 성장할 수 있을까요? - 이 책의 마지막 페이지를 보고 계신 당신, 오픈소스 프로젝트와 개발자 커뮤니티에 참여해 보세요.

내가, 또는 다른 누군가가 작성한 코드가 공유되어 오픈소스가 되고, 공유한 오픈소스 코드가 또 다른 사람들에게 새로운 아이디어와 기회를 만들어 주고, 받은 사람 역시 코드 위에 코드를 쌓아 올리며 공유의 생각을 더 깊고 넓게 나눕니다. 오픈소스와 마찬가지로 개발 커뮤니티 또한 이러한 변화와 혁신의 중심지입니다. 커뮤니티에서 개발자들이 서로의 경험을 공유하고 함께 성장하며, 새로운 기술과 아이디어를 쌓아 올립니다. 개발자 커뮤니티에서 코드와 함께 성장하고 함께 발전할 수 있습니다.

이 글을 읽는 분들에게도 코딩에 대한 관심과 열정이 깃들기 바랍니다. 코드를 함께 나누고 성장하며, 코드로 더 나은 내일을 함께 만들길 바랍니다.

김대우